多重理念下的高校体育教学改革研究

李正贤　著

中国原子能出版社

图书在版编目（CIP）数据

多重理念下的高校体育教学改革研究/李正贤著.
-- 北京：中国原子能出版社，2020.6 （2021.9 重印）
ISBN 978-7-5221-0630-4

Ⅰ.①多… Ⅱ.①李… Ⅲ.①体育教学－教学改革－研究－高等学校 Ⅳ.①G807.4

中国版本图书馆 CIP 数据核字（2020）第 105703 号

多重理念下的高校体育教学改革研究

出版发行	中国原子能出版社（北京市海淀区阜成路 43 号 100048）
责任编辑	张书玉
技术编辑	冯莲凤
责任印制	潘玉玲
印　　刷	三河市南阳印刷有限公司
经　　销	全国新华书店
开　　本	787mm×1092mm 1/16
印　　张	12　**字　数**　210 千字
版　　次	2020 年 6 月第 1 版　2021 年 9 月第 2 次印刷
书　　号	ISBN 978-7-5221-0630-4　**定　价**　58.00 元

网址：http：//www.aep.com.cn　E-mail：atomep123@126.com
发行电话：010－68452845

前　言

当今，为了大力加强国家素质教育，高校对于体育教学的关注度逐年上升，体育教学已经越来越被大众所重视。高校在体育教学中大力开展健身活动，促进学生身体素质的提高，同时在一定程度上促进了教师教学质量的改善。但是，由于受传统教学理念的影响，在高校体育教学中仍然存在一些问题亟待解决。因此，高校要适应国家教育大改革的趋势，不断深化体育教学改革。

体育是德、智、体全面发展的教育方针重要组成部分，它是国民体育的基础，是全民健身运动的重要因素。高校体育教学基本理念是指导体育教学改革的哲学，它体现了体育教学改革的指导思想、改革重点和实践追求。通过对多重理念下高校体育教学改革进行研究，不仅能促进体育教师更新观念、转变角色，提高教学质量和效率，而且能为学生营造一个独立思考、勇于探究、不断创新的学习环境，帮助学生掌握学习方法、形成正确的练习态度和体育价值观。

本书首先详细阐述了高校体育教学概况、现状以及发展趋势；然后对多重理念下高校体育教学改革的整体情况作了详细的介绍；紧接着本书分别从教学模式、教学方法、教学评价、教学创新等方面着手，介绍了不同教学理念下高校体育教学改革的情况以及相应的策略。

本书在编写过程中，汲取了高校体育教学改革的最新信息，借鉴和参考了国内外许多专家、学者的最新研究成果，在此一并表示感谢。由于作者水平有限，错误与不当之处在所难免，恳请广大读者在阅读过程中多提宝贵意见，以使本书更加完善。

作　者
2019 年 10 月

目　录

第一章　导论

第一节　高校体育教学概述

一、体育教学概述

（一）体育教学的含义

体育教学的性质是由“体育”概念的内涵决定的。因为体育内涵反映了体育的特有属性，特有属性表现了事物的本质，体育的特有属性表现了体育的性质。

“体育”的概念是人们在实践中形成的。将“体”与“育”两字连在一起成为一个专有“名词”，用以代表一种特殊形式和内容的教育，出现在 19 世纪末叶。查遍 19 世纪以前的中西历史文献，从未发现“体育”一词，英文中的“Physical Education”是近代学者所创的词汇。我国采用体育一词，始于清末，光绪三十三年（1903 年）清朝政府对女子师范学堂颁布的法令中有“女子必身体强健，斯勉学持家，能耐劳瘁，凡司女子教育者，须常使留意卫生，勉习体操，以强固其精力，至女子缠足，尤为残害肢体，有乖体育之道，务劝令逐渐解除，一洗积习”。意指身体的保育和养育，并不具有教育在内。

甲午战争后，李鸿章将许多西洋名词直接借用日文输入中国，体育一词亦复如此。早期日本学校有关身体锻炼的课程统称体操，我国也袭用此名，使得体操与体育概念不清。当时对体育的真正含义，无完整认识，只是将游戏、体操等运动项目，看成是卫生、健身或娱乐性质的身体活动。认为体育即教育者，可说绝无仅有。

中华人民共和国成立以前，学校体育虽将“体操课”改为“体育课”，但长期将体育与运动混同。体育即跑跑跳跳和打球运动，学校体育追求少数人夺锦标、破纪录，在社会上往往被人尊称为体育家的是出色的运动员，使有识者听来有啼笑皆非之感。

对于体育本质在认识上混乱的情形，欧美各国也曾经历过相似的阶段。随着社会的进步和体育科学的发展，世界各国体育学术界逐步掌握了体育的真正含义，并广泛地将其纳入教育系统。中外体育学者对体育的看法如下：

陈咏声（中国体育教学家）认为“体育是以身体活动为方式的整个机体的教育”。

普嘉（美国）认为“体育是整个教育过程的重要组成部分，其目标在于促进身体性、知识性、情绪性、社会性、市民性等充分发展，以能完成上述目标而选出来的身体活动为媒介”。

麦克尔（美国）认为“体育是从运动神经系统的经验中得来的教育；人类进化的历史是在身体活动中产生的，这种身体活动可以促进德、智、体、劳等健全的整个人生”。

田姆（德国）认为“体育具有教育价值，使男女发展能力，活泼而有生气，这是个人、家庭、社会及民族所要求的身体活动”。

马特维耶夫（苏联）认为“体育整个来说是教育的一个方面，是体能全面发展和提高人的生活中主要运动技能和本领的计划过程”。

苏竞存（中国）认为“体育是一种特殊的社会现象，是社会文化的一部分，是寓教育于运动之中，而又关系到人们身体健康的复杂的社会活动”。

前川峰雄（日本）认为“体育是在有助于从多方面培养人品的意图下，针对身体所产生的属于教育性质的影响”。换言之，体育是透过身体活动的教育。

综上所述，对于体育的内涵和性质可得出：体育是动的教育，并非仅限于身体的教育。它以各种方式的身体活动为方法，来完成教育目的。体育是教育的一环，其所采用的教学方式和环境布置虽有差异，但最终目的则相同。

（二）体育教学的特点

1. 体育教学的群众性

体育教学是全体学生都须参加的教育活动。体育教学是国民体育的基础，也是学校教育的重要组成部分，接受体育教学是学生的权利和义务。国家规定，每个学生都必须上体育课和按一定要求参加早操、课间操与课外体育活动。由此可见，学校的体育教学是作为一项义务，具有一定的法规性、强制性，反映了社会为培养人才在体育教学方面的基本要求。同时，学生接受体育教学，需要把这种强制性，转化成自觉的行动，养成锻炼身体的习惯与乐趣（学生主观需要）。体育教学这种义务与权利的统一，法规与自愿的统一，决定了学校体育教学的群众性。因而，要求体育教学工作者应坚持面向全体学生，以普及为主，以锻炼身体为主的方针。

2. 体育教学的基础性

体育教学具有鲜明的基础性。由于接受高等教育阶段的学生正处于长知识、长身体的关键时期，促进他们身心获得全面而协调的发展，奠定良好的体质基础，具有现实和长远的意义。我国正在进行宏伟的四个现代化建设，要实现现代化，建设中国特色的社会主义，科技是关键，教育是基础，必须培养造就大批的德、智、体、美、劳全面发展的人才。体育教学是教育的组成部分，具有基础性特征，应从小开始奠定良好的体育基础。

3. 体育教学的健身性

增进学生的健康，增强学生的体质，发展学生体能，是世界各国体育教学共同追求的重要目标，虽然体育教学的目标趋向多元化，但健身是体育教学区别于其他社会文化教育现象最本质的特征。

4. 体育教学的教育性

体育教学在学校教育过程中，既是教育的内容，又是教育的手段，具有丰富多样的教育性。体育教学在对学生进行思想品德、意志品质教育，陶冶学生情操，促进学生个性发展等方面，具有易接受性、生动性等特点，可以获得良好的教育效果。因而，体育教学在建设社会主义精神文明中，在“教书育人”过程中，具有其他内容和手段不可取代的特殊作用。

5. 体育教学的阶段性

体育教学对于大学生来说，是最为重要的阶段。因为这一阶段是大学生身心迅速发展阶段，具有鲜明的阶段性特征。高校体育教学必须充分把握这一关键时机和重要阶段。

由于大学生身心发育具有鲜明的年龄特征，必须依据他们年龄阶段的生理特征，正确地确定体育的目标，选择适宜的体育教学内容，采用多种多样的教学方法和手段以促进学生的全面发展，完成体育教学的任务。

6. 体育教学的滞后性

体育教学的社会效益和经济效益具有滞后性特点，不能急功近利，立见成效。因为学生“三基”的掌握，体能的发展，思想品德的形成，体质的增强，都需要经过一个过程，要通过社会实践和社会生活的检验，才能显现出来，因此盲目地、一味地追求体育教学投资的效益是不明智的短期行为。

二、我国体育教学的形成与发展

我国的体育教学思想启蒙于鸦片战争以后，历经了“军国民体育教学思想”“自然主义体育教学思想”“折中主义体育教学思想”以及“体质教育思想”“竞技体育教学思想”“快乐主义教育思想”，发展到现在的“多元体育教学思想”（包括创造体育、终身体育教学等）。

1. 军国民体育教学思想

民国元年，蔡元培任教育总长，当时辛亥革命虽然已经成功，但欧战激烈，外强正虎视眈眈，威逼中华。在这种形势下，蔡元培极力提倡军国民教育，并把它作为教育宗旨之一。他指出：“在我国，则强邻交逼，企图自卫，而历年丧失之国权，非凭借武力，势难恢复……则如所谓军国民教育者，诚今日所不能不采用也。”他常以孔夫子“匹夫不可夺志”，孟子的“大丈夫者，富贵不能淫，贫贱不能移，威武不能屈”的古训来唤醒民众自卫，做一个真正的中国人。蔡元培认为：“人以自卫力不平等而生强弱，人以自存力不平等而生贫富。”而军国民、实利两主义，所以补自卫自存之力不足，并且认为：“军国民主义、实利主义、德育主义三者，为隶属于政治教育。”“以心理学各方面衡之，军国民主义毗于意志，以教育界之分言三育者衡之，军国民主义为体育，以教育家之方法衡之，军国民主义、世界观、美育，皆为形式主义。”

以上可见，蔡元培先生对军国民主义的论述，是我国第一个把中国古代体育思想与国外体育思想加以比较总结，在孔子“六艺”的基础上，结合当时的实际提出了更为科学的体育思想，这是具有创造性和实践性的。其目的之一是为了保护国家，维护国权，立中国人可杀不可辱、威武不能屈的大丈夫之志；之二是为了发展资本主义经济服务的资产阶级教育，并以此代替封建教育，这在当时有着积极的进步意义，对中华民族的富强发展具有不可磨灭的贡献。

2. 自然主义体育教学思想

自然体育思想源于欧洲文艺复兴运动时期的人本主义教育思想，到21世纪初，已发展成为一套完整的理论和方法体系。其基本思想是：体育教学应以“自然体育”为中心。按自然原则利用自然手段对学生进行合乎自然的体育教学，体育教学的内容要顺应学生的兴趣和需要。同时还认为，体育是德育和智育的物质基础，要想使学生成为一个全面发展的人，就必须将学生置身于大自然，利用自然条件让学生自然发展，大自然完全可以承担起教育的使命和职责。上述这种自然体育观，在历史上延续数百年，影响极为深远。它充分肯定了体育在人生过程中的重要意义和作用（如强调体育的社会文化及教育作用，认为体育应为生活服务，应当促进人的个性发展等），并提出了一套自然主义的体育方法，注意到了兴趣和需要（即人的心理）在体育学习和教育中的作用。但这一思想也有缺陷：第一，它以“本能论”为立论基础，甚至认为人的兴趣和需要也都是源于人的本能；第二，把体育混同为教育，突出强调了文化教育功能而忽视了增强体质这一体育的本质功能和主要目的。由于其对体育本质和目的的错误认识，在实际的体育教学实践活动过程中，不可避免地会导致在体育教学中出现“放任自流”的现象，这种“顺应自然”的思想在一定程度上否定了体育教学是有目的、有意识、有计划的身体教育这一本质，容易导致人们对体育的教育性和科学性产生怀疑和误解，使他们对体育本质的认识模糊不清。

3. 折中主义体育教学思想

折中主义体育教学思想的基本特点是目标多元化，其基本思想是：在体育教学过程中，一方面要坚持“技术观”，另一方面要坚持“体质观”，即认为体育教学一方面要促进技术水平的提高，另一方面要促进体质的发展，调和折中的思想是试图克服上述两种体育教学模式的不足而各取所长。这貌似有理，实则不然。它在一定程度上导致了体育教学思想的混乱，使人有无所适从之感，且不论大多数人是否需要掌握高水平运动技术，仅就实践来看，既要实现技术水平的提高，又要实现体质的增强，两者很难兼顾。竞技运动和体育可以互为所用、相互促进、协调发展，但两者目的不同，本质各异，矛盾多于统一，冲突大于相容，调和折中的结果是既没能育体，也没能育技，从而也没能育人。这种“等而视之”的思想没能认清体育教学的根本目的和主要功能，同时也忽视了体育教学的教育性。

4. 体质教育思想

这一思想强调体质的增强，基本观点是：体育教学的目的就是增强学生的体质，增进学生的健康，促进学生的身体形态、机能、体质和基本活动能力等实质性要素的全面发展。体育教学的展开必须紧扣强身健体这一主题，是指体育的真义就在于增强人的体质、完善人的身体，这也正是体育区别于德育、智育和美育的地方。体质教育是体育成为教育组成部分的前提，这种观点充分认识到了体育教学的特殊功能——增强体质、完善身体，客观上也起到了发展学生体质、增进学生健康的作用，在很大程度上纠正了片面的“技术观”。但这种思想、教学目标过于狭窄，由其衍生而来的教学模式也过于刻板，它过分强调体育教学的生物属性，强调体育教学的身体发展性，而忽视了体育教学的教养性（知识、技能的学习）和教育性（个性、品德的培养）。脱离教育性和教养性，单纯追求体能的发展和体质水平的提高是不可取的，也是不可能实现的。

5. 竞技体育教学思想

由于现代竞技运动的飞速发展以及当代奥林匹克运动的迅速崛起，运动竞技越来越多地显示出其强大的政治、经济、文化等价值潜能，因而受到世界各国越来越多的重视。随着竞技运动的强劲发展，自然而然地形成了竞技主义的体育思想。这一思想认为体育教学完全可以与竞技运动相融合。体育教学的内容、方法、手段应以竞技运动为主，竞技运动不仅可以促进体质的增强，同时还可实现体育的娱乐功能和商业价值，并争得国际荣誉。与上述“融合论”相比，极端的竞技体育思想甚至认为竞技运动完全可以取代体育教学，认为体育就是竞技运动。上述观点，对促进竞技运动的发展、实现竞技运动的价值具有积极的意义和极大的推动作用，但却忽视了体育教学是属于面向所有人的全面教育的一部分，否定了体育教学的发展体质、增进健康这一本质，违背了体育教学必须以人为本的出发点和归宿，混淆了竞技运动和体育教学的不同目的和属性。

6. 快乐主义教育思想

快乐主义体育教学思想以快乐地进行体育学习为核心观念，它强调的不仅是手段、内容的快乐，而且强调学习的目的，即追求体育教学的快乐价值。它以养成自发、自主和快乐地参加体育锻炼的态度和习惯为根本目标。快乐体育认为体育具有较强的放松娱乐功能，能消除人的身心紧张和疲惫，体育教学的目的就是要充分发挥体育的这一功能。快乐体育是一种积极性休息手段，可吸引学生积极主动、自觉地进行体育学习，形成体育兴趣和习惯，发展体育能力。同时，还在很大程度上转变了人们对传统“厚重”体育的普遍厌倦。但如果快乐就是体育的内容、形式、方法及手段的选择标准，那么，体育教学又如何实现其增强体质这一本质功能，如何发挥其有目的、有计划地培养人这一作用呢？体育之所以称为体育，身体负荷必不可少，体育教学功能的实现正是通过身体负荷而实现的。没有负荷的快乐体育是不可能取得预期的体育教学效果的。

7. 多元体育教学思想

（1）创造体育

创造体育是由现代创造教育应运而生的。创造教育长久以来不曾引起人们的重视，近代的教育更倾向于传授教育，但其有较大的弊端，即浓厚的保守性。人类的生存和发展所依赖的是其发明和创造的能力，人类发展的历史就是一条发明创造的长河，于是就产生了培养发明创造能力的创造教育。在素质教育的今天，创造教育又赋予它新的生命力。在实践中，我们也总结出了相应的创造体育教学。创造体育教学的作用是改变人的思维方法和思维素质。在此过程中，教师和学生在遵循科学的教育和学习规律的前提下，积极开动脑筋，创造各种生活环境，培养学生的创造意识、能力、精神，训练学生的创造性思维，培养学生在体育活动中发现问题、分析问题、解决问题的能力。挖掘学生的创造潜能，开发学生的创造力。为此，在体育课堂教学中，教师必须具有创造精神，这样才能培养学生的创造意识。如篮球的一分制、四门足球赛、往返 50 米跑等创造教学的成功运用都说明了唯有创造精神，才能取得良好的教学效果。在体育教学中，让学生自己创编徒手操。教师把编排徒手操的原则和方法教授给学生，学生通过思考把学习的理论知识运用到实践中去，使每一节体育课都充满创造，充满趣味。

（2）终身体育教学

1965 年法国成人教育家保罗·朗格朗提出“终身体育”的思想。接着，苏联学者提出“终身体育”是培养与发展学生从事体育活动与学习活动的主导能力，让学生学会“一技之长”，养成与掌握终身进行体育锻炼的习惯和方法，使之终身受益。终身体育教学通过身心的调节，达到人与自然的和谐、统一，通过教学实践和部分学生的反馈信息也证明了这一点。

终身体育简而言之，就是体育运动不应该成为人生某一阶段的内容，而应该是伴随人们终身的。换句话说，人们在自身的生活中，不但能够按照自己的兴趣、爱好选择适合自己参加的运动项目去享受运动的乐趣，而且能够不断完善自身锻炼的方式和从锻炼中受益，并养成持之以恒、终身从事体育运动的习惯。在教学中应尽量以快乐体育的方式进行身体锻炼，使之出现条件反射性的兴奋状态，以利于顺应终身体育的产生条件，成为学生走向终身体育的起点或一个过程。

许多受过体育教育的人，也许能够说出一些体育的理论，但很少有人能够真正地理解它。只有熟练地掌握了这些知识，并能够灵活运用到生活实践中去，这种教育才算是成功的教育。根据受教育者的程度可分为三个层次：一为初级阶段，即学会了某些运动的基本活动形式、技术，但没有充分认识到体育的价值；二为中级阶段，即体育活动对身体产生了很好的促进作用，人的身心调适到某种良好状态，但缺乏主观能动性；三为高级阶段，意识到自我对运动的需要，并形成良好的锻炼习惯，逐渐使身心状态得到较大的改善。第三阶段的体育教学能使受教育者充分认识到体育是生活中不可缺少的一部分，通过自觉运动达到身心统一，并持之以恒。

三、高校体育教学相关概念

（一）高校体育教学模式

高校体育教学模式，是蕴含特定体育教学思想，针对特定体育教学目标，在特定体育教学环境下实现其特定功能的有效教学结构和与之相适应的教学体系的有机组成系统，是以简化形式表达的体育教学思想理论和教学组织策略，是联系体育教学理论和体育教学实践的纽带。

一方面，教学模式是一种研究教学活动的方法，通过教学模式的研究来分析教学的主要矛盾，是各种教学方法在具体时间、地点和条件下表现为不同的空间结构和时间序列。认识教学活动的基本特点，依据研究的目的，可将教学的客观事物上升为认识论层次上的教学模式。另一方面，教学模式是人们在一定教学思想指导下，对教学结构做出的主观选择，是在教学实践中形成的教学理论的具体操作和简化表达的形式。

（二）高校体育教学方法

高校体育教学方法是指在高校体育教学过程中，为了达到一定教学目标、实现教学目的，由师生在共同活动中所采用的具有指引性和可操作性的教学方式、途径和手段的总称。体育教学方法的本质特征表现在，它的主体是体育教师和学生，师生紧密合作是为了达到一定的体育教学目的。它具有指引性和可操作性。

体育教学方法分类较多，有的分为教的方法和学的方法；有的分为理论知识的教学方法、运动技能的教学方法和身体锻炼的教学方法；有的分为一般教学方法与特殊教学方法；有的分为传授方法和学练方法；有的分为指导法和练习法。依据教的策略与学的策略及教师“外化”与学生“内化”的过程，依据信息感知途径对体育教学方法进行分类，更能体现师生的互动性和突出各种方法的特点。这里把体育教学方法分为语言感知类、视觉感知类、本体感知类、统合感知类，简称为“听、看、练、统”四类，如表 1-1 所示。

表 1-1　依据信息感知途径对体育教学方法进行分类

语言感知	视觉感知	本体感知	统合感知
讲解法、提示法、问答法等	示范法、演示法、观察法等	分解法、完整法等	游戏法、比赛法、榜样法等

（三）高校体育教学过程

高校体育教学过程是一种特殊的认识过程，也是一个促进学生发展的过程。在教学过程中，教师要有目的、有计划地引导学生能动地进行认识活动，自觉地调节自己的志趣和情感，循序渐进地掌握科学文化知识和基本技能，以促进学生智力、体力、品德和审美情趣的发展，并为学生奠定科学世界观的基础。

教学过程是一种认识和实践相统一的活动过程，这一过程的目的在于促进学生的全面发展，即教学过程的功能在于促进学生身心诸方面的和谐发展。全面地认识和开发教学过程的功能，可以使教学更好地成为实现教育目的的有效途径。

教学过程的功能主要有教育功能、传递知识功能、智能培养功能、审美功能和发展个性功能。

教育功能主要是说在教学过程中，学生不仅知识增长、能力发展，而且思想情感、精神面貌、道德品质也同时受到熏陶，发生变化。

传递知识功能是说因为教学过程是有目的、有计划、有组织地培养人的过程，所以它可以发挥出高效率、高质量的传递功能；通过教学过程，教师可以向学生传递系统的科学文化知识和基本技能技巧。

智能培养功能是说培养智能是在传授知识和形成技能的统一过程中进行的，三者之间有着极为密切的联系，是互相促进、互相依存的统一体。知识是智力活动的内容；获取和运用知识的活动本身，就具有智力锻炼和能力培养的功能；技能形成则能够大大简化智力活动过程，能更经济、更有效、更快地提高智力活动的水平。

审美功能是说教学过程将“美”的因素作为教学手段或教学艺术贯穿于该过程的始终，渗透到教学活动的各个方面，使学生在“美”的形式中顺利吸收“教”所要传达的各类教育信息，并陶醉于教学美的享受之中，消除紧张学习带来的疲劳，形成一定的审美观念、趣味和能力。

发展个性功能是说，每个学生都有可能在原有经验背景和生理条件的基础上，形成独特的知识、技能和智能结构，构建自己新的知识体系，进而也成为个性发展的基础。但学生个性的发展还取决于思想、品德、价值体系、情感、动机、态度、意志的培养和身体素质的健全。教学过程对决定学生个性发展的这几个方面，都有着积极的影响作用。

第二节　高校体育教学的现状与发展趋势

一、国外高校体育教学现状分析

（一）美国高校的体育教学

美国是联邦制国家，其各地区的高校管理模式也存在一定的差异，部分高校甚至已经取消了体育必修课。就总体而言，美国高校将学生的兴趣培养与人文发展作为体育教学的主要目标。美国的教学观念认为，学生在参与体育活动的过程中，会逐渐学会团队配合的基本逻辑，通过体育方式转化学生的社会阅历将得到丰富。同时美国的社会体育较为发达，学生通常会在幼儿阶段就确定体育兴趣，其体质健康水平也普遍较高。因此，美国高校的体育教学管理较为松散，学生的自主性通常较强。在具体的教学过程中，学校会为学生提供比赛场地等配套设施，通过比赛，学生的运动热情将得到提升。在这一理念的影响下，美国高校已经逐渐发展为职业培训体系，优秀的运动人才可通过高校联赛的锻炼进入职业联赛中。

（二）日本高校的体育教学

日本高校的体育教育，接受中央政府的文部省与地方体育局的联合管理。其教育理念中，较为关注学生的身心健康，并认为通过体育运动，学生的交往范围将得到扩展，青年学生的运动需求将得以释放，因此，通过体育教学，学生的生活态度将更加健康。在具体的教学过程中，学校会将1/3的时间用于理论教学，通过理论教学，学生的动作将更加规范，运动收获将得到更好的总结，其教学有效性也将得到加强。同时日本学生对于某一运动的忠诚度较高，学生通常会将高校教学视为指导其终身发展的重要阶段。

（三）俄罗斯高校的体育教学

俄罗斯地域广阔，各地区的教学环境差异较大。其教学理念中对于学生的专业技能较为关注，认为学生通过高校体育教学后，有能力成为专业体育运动员。在具体的教学过程中，俄罗斯高校将50%以上的教学时间用于动作的合理性练习。通过这样的方式，学生的专业能力得到大幅提升，其民间体育的水平也得到成长。这样的教学模式来源于苏联的专业运动培养体系与体育争光战略，但这样的教学模式，不利于培养学生的学习兴趣。

（四）德国高校的体育教学

德国是欧洲经济的中心，其整体教育水平较高。德国高校办学的自主性较强，在制订体育教学方案的过程中，通常会将当地的特色运动项目融入其中。同时，其教学理念较为关注对学生身体素质与运动精神的培养。在具体的教学过程中，高校体育与社会体育的联系较为紧密。部分体育俱乐部会与高校共同搭建培训体系，部分职业运动员也可进入高校学习。同时通过职业体育的参与，德国高校可融入职业俱乐部的梯队建设中。在这一教学模式中，学生将与社会体育有效对接。

二、我国高校体育教学现状分析

传统的高等教育中，高校体育一直强调内涵的发展而忽视了外延的发展，强调质量的提高而忽视了结构的优化。在计划经济的长期影响下，形成了封闭的发展模式，造成高校体育的改革滞后于社会和高校教育发展的结果。多年来，高校体育的目标先是重视体质的增强，后来转而重视育人。但是，在涉及德、智、体三方面关系时，高校体育的所谓“育人”在实践中仍然表现为重视增强体质。而且，高校体育的“育人”目标缺乏具体内容，使人感到难以把握。

长期以来，我国高校体育受传统体育教学思想的影响，一方面，过于重视“三基”的创收，忽视了对学生体育能力的培养，无论是从教学指导思想，还是从教学体系、教学方法等方面对培养学生体育能力都缺乏明确的指导和具体的要求；另一方面，在实际工作中又缺乏培养的方法和手段，尤其是科学锻炼方法成为当今高校体育能力中最薄弱的环节。

课程建设对于大学生的能力培养同样起着很重要的作用。当前我国高校体育课程还停留在以竞技项目为主要内容的传统体系，课程设置已不符合终身体育观念及全面推行学分制的要求。同时，体育理论课及电化教学在多数高校至今仍然是一片空白，对于雨雪天的体育教学没有相应的对策，对于不同专业的学生是否开设不同的体育课程没有做认真的研究，对于是否采取按专业课的办法成立各种教研组实行分类教学也没有做过实践。在教学中以掌握某项运动技术为目标，以适应学生为重点，重接受轻创造，最终降低了教学要求和标准，影响了教学质量的提高，使学生的体育能力难以达到新的高度。目前，高校体育教师队伍无论在学历层次还是知识结构层次上，都与其他学科的教师存在差距。现在的体育教师，几乎都是在运动技术教学模式下培养和成长起来的，大多是技术型、训练型的，科研能力普遍较弱，工作随意性较大，一专而不多能，自己专业以外的课程重视不够。这些都是体育教学管理、科研等工作以及体育教学改革所要解决的问题。

（一）我国高校现行的体育教学指导思想

我国现行的高校体育教学指导思想主要是针对提高全民素质健康状况而制定的。“学校教育要树立健康第一的指导思想，切实加强体育工作。”它指明了学校体育工作的核心落实到面向全体学生、提高学生的身心健康水平上来。因此，每一个体育教育工作者应义不容辞地将学生现在和将来的健康放到体育教学工作的首位。近年来，我国高校体育教学改革虽然取得了较大成就，但是许多学校和体育工作者对于健康的理解仍然存在认识偏差。世界卫生组织明确定义：“健康的实质是在身体、心理和社会方面都完美的状态，而不仅是没有疾病和虚弱。”这应引起广大体育行政部门和体育工作者的重视。

（二）目前我国高校的体育教学模式

《中华人民共和国国民经济和社会发展“九五”计划和2010年远景目标纲要》指出：“改革人才培养模式，由应试教育向全面素质教育转化”，这个目标的提出标志着我国新时期的教育观念已经转化到了与21世纪我国发展目标相适应的教育模式。2017年，习近平总书记在十九大报告和全国高校思想政治工作会议上强调“高校要培养德智体美全面发展的社会主义建设者和接班人。”2018年，习近平总书记在北京大学发表重要讲话，对高校提出“坚持办学正确政治方向”“建设高素质教师队伍”“形成高水平人才培养体系”的明确要求，对高校人才培养目标做了清晰定位，即：高校必须着力培养“爱国、励志、求真、力行”的新时代青年。这也是当前高校深化人才培养模式改革、提升人才培养质量的重要遵循。近年来，高校体育教育工作者基于“面向全体学生”，牢固树立“健康第一”的指导思想，在为终身体育打下良好基础等方面进行了全方位的探索，涌现出“快乐体育”“成功体育”“俱乐部体育”等体育教学模式，为高校体育教学改革取得了成功的经验。

（三）我国高校体育教学内容和课程体系的现状

教育的指导思想决定了所开设课程的教学，从而导致其教育状况和结果。随着全球性教育改革的发展浪潮一浪高过一浪，广大体育工作者积极探索和制定适应21世纪高校发展的体育教学和课程体系，取得了显著成果，但仍滞后于其他学科的发展。而且，在体育课程设计及教学内容上，由于受竞技体育思想的束缚，仍没有摆脱过去单一的、死板的、以竞技为主的教学模式，没有把素质教育和健康教育落实到体育教学之中，只是一味追求教学内容的变化和教学形式的变更。同时，由于当代大学生在身体形态、机能爱好、观念等方面发生了许多变化，不少教学内容已不能满足他们自身发展的需要，使他们不愿自觉参加体育锻炼，这一点应引起广大体育教学、训练工作者的关注。

（四）我国高校体育教学方法、体育教学手段的现状

现阶段，世界教育变革的一个重要趋势是由单纯重视“教”转化为同时重视“教”和“学”，“教法”是关键，“学法”是核心，探索“学习”问题成为现代教育的核心问题之一。因此，正确处理教与学、学与用的关

系，是实现教学目标的主要途径。没有教育的学习，只能是盲目的失误；没有学习的教育，只能是独断的强制。只有教育与学习的统一互动，多方面、深层次上理解“教学相长”的内涵，才能体现人类学习的自由本质。目前，在高校的体育教学过程中，虽然认识到二者的关系及其重要性，但在具体的教学实践过程中，往往忽略了学生的个性发展，呈现出教师教什么、学生就学什么、最终只会什么的尴尬境地，严重制约了学生创新意识和创新能力的培养。除此之外，当前我国体育教学的手段大多采用单一的、传统的教学手段，缺少新颖性。这与教师对现代教学手段缺乏了解、教育观念落后、过于强调课堂纪律、教学手段的应用等有关。特别是在一些经济欠发达地区，这一点显得更为严重，应当引起我们的深思和反省。

（五）高校体育教学评价体系的现状

当前，高校体育教学中学生的身体素质与体育课成绩的评价，虽然经过体育教育工作者的不断改革、完善并取得了一定的成绩，但是普遍存在一些问题：考试的指导思想、考试的形式、考试的内容等与素质教育理念极不相符，实行一个标准、一个内容、一个要求，不能充分满足学生的个性需求，也不能客观、公正地反映学生的能力和水平，制约了学生的全面发展和个性需求。

高校体育教学中存在许多不合理的因素，为使我国高校体育教学能更好地促进大学生全面、健康地发展，需要不断地探索、改革。

三、当前我国高校体育教学改革对策

（一）加强对学生综合能力的培养，重视科研能力的提高

培养“终身体育”思想，提高学生的综合能力，应列为我国高校体育教学改革的重点内容之一。着重构建高校体育教学的目标体系，转变、解放思想，树立“以人为本”的现代教育思想，应在营造宽松的育人环境、发展大学生的个性、提高学生综合实力等方面进行改革，从而培养出适应时代发展、社会需求的高素质人才。另外，还应当加强对学生科研方法与实践的培训，抓好毕业论文、毕业设计的指导工作，切实提高学生的科研能力，为他们走上工作岗位打好科研基础。

（二）从学生兴趣出发，建立合理的体育教学课程体系

首先，应切实结合学生学习的兴趣及社会发展的实际情况，突出健美

操、乒乓球、排球、羽毛球等休闲运动类项目的教学，提高学生对体育课的学习兴趣。其次，应建立科学、合理的体育教学课程体系，将素质教育和健康教育作为构建高校体育教学课程体系的基本要求，可将现行课程体系组合为基础理论部分、娱乐健身部分、技术技能部分、竞技训练部分四大块，让学生根据自己的兴趣、爱好及自身条件自由选择。这样既能满足大学生的生理、心理需求，又可引导其掌握运动技能，为终身体育打下坚实的基础。

（三）加强法制观念教育，增强保护意识

在高校学习阶段，除了开设《公共法律基础》课程外，还应加强对《体育法》及《学校体育工作条例》等法律法规的学习，并结合实际提高学生对学习法律知识重要性的认识。因为，体育课在众多的课程当中几乎是遇到伤害事故概率最大的学科，除去在教学过程中人为的主观因素外，体育运动本身在客观上也决定了易造成运动损伤的可能，人的主观行为只能把这种可能降到最低程度，却无法完全把它消除。另外，在争取合理的劳动报酬、相关的体育工作所特有的福利以及符合卫生保健要求的工作环境等方面，也应当以法律为依据，鼓励学生努力争取自己的权利。

（四）增加经费投入，改善体育教学的物质条件

有关文献资料表明：目前我国高校体育教学的场地、器材等硬件设施较差，学校对体育教学的资金投入偏低，领导不够重视。加大经费的投入，改善体育教学的物质条件是高校体育教学适应社会进步，适应未来高等教育和科学技术飞速发展以及满足当代大学生健康需求的重要因素，应当引起各级政府部门和办学单位的高度重视。

（五）加强体育法制化和科学管理水平，依法治体

管理水平的科学与否直接影响到高校体育发展的速度。加强体育法制化和科学管理水平，依法治体是高校体育持续健康发展的根本保证。在我国已初步形成的体育法规基础上，各高校可以根据自身的实际情况，制定合理的规章制度，完善和提高科学管理水平，促进我国高校体育事业的发展。

（六）建立、健全学生体育课成绩的动态评价体系

应建立、健全学生体育课成绩的动态评价体系，考试内容应加大体育

锻炼的过程性评价，考试形式也应打破传统教学中单一化的现状，应采取如技术、技能测试、体质测试、比赛实践测试、技战术理论测试等多种形式。在评价中，也可采取学生自评、学生互评、小组评价、教师评价等多种形式相结合的方式进行，以此促进学生开放性个性和创新精神的形成。

（七）加强师资队伍建设，全面提高体育教师的综合素质

教师素质的高低直接影响到学生的发展以及对所学知识掌握程度的好坏。加强师资队伍建设，全面提高体育教师的综合素质，不但是实施素质教育的关键，而且是我国高校体育教学改革的根本要求。高校体育教师应加强对自身专业理论知识、技术水平及教学能力的培养与提高。教师能力不仅局限于教学能力、组织能力和训练能力，且必须具备较强的自学能力、创造能力、科研能力和审美能力，这样才能真正发挥体育教师在素质教育中的主导作用，促进我国高校体育教学的发展。

如今，人们对体育教学的任务、目标有了一个全新的认识，终身体育的指导思想将贯穿教学过程的始终。教学形式的改革将进一步培养学生情感，提高教师的自身素质，改变目前体育教学中“以教为主”的教学方法，注重培养学生创新精神和创造能力，培养学生“个性发展”，构筑新的体育教育思想体系，适应21世纪科学技术的迅猛发展，积极探索和推进新形势下教学与科研、生产者的结合。高校体育教学改革应改革传统体育教学思想，使其更加符合学生具体实际和未来教育发展需要，使高校体育教学改革面向社会、面向学生、面向未来。

四、我国高校体育教学未来的发展趋势

（一）树立新的符合时代发展的体育教学观

1. 开放意识

要适应教育国际化趋势。跳出教育看教育，把教育置于国际竞争和区域发展全局中，加快体育教学的对外开放，加强体育教学的国际交流与合作，在积极实施“引进来”战略的同时，走出国门到国外去办学，吸取中国武术、跳水、乒乓球等项目在国外办学的成功经验，推动我国体育教学走上世界教育舞台。

2. 树立体育教学产业意识

适应世贸组织教育服务贸易的规定，把握体育教学的产业属性，加快体育教学资源配置和调整。盘活体育教学资源存量，提高现有资源利用率，以资本为纽带，实现体育教学和企业的联合。完善体育教学产业政策，明确对民办高校的优惠扶持政策，允许投资人从民办高校的收入节余中提取一定比例资金作为其投资公益事业的奖励。落实国家在税收、土地等方面对高校后勤社会化改革的优惠政策。依法规范发展体育教学产业中的产权和利益关系。

（二）以国际视野重新审视素质教育内涵，更新体育教学内容

按培养国际性复合型人才的要求，调整专业设置和课程教材内容。要适应人才流动全球化、人才标准国际化的趋势，加快课程教材改革。全面改革以应试、升学为特点的课程体系，构建以培养创新精神、实践能力和终身体育为目的的课程体系，大力推进课程和教材的国际化程度和水平。高等体育教学应转变观念，从传统的工业经济办学模式中走出来，树立对外开放观念。具体来说应包括：下放专业设置权。我国高等体育院校现行开设的专业主要有五种：体育教学专业、人体科学专业、民族传统体育专业、体育保健康复专业和人文社会专业。我国加入世界贸易组织（WTO）后，各地区对人才的需求各不相同。在这种情况下，应下放专业设置权，让各高等体育院校根据市场需要自由设置专业，以增强高等体育院校的生命力。同时也可以满足社会对人才的需求，改变目前高校体育教学课程设置模式。打破目前高校体育专业设置的界限，形成主修专业，选修其他四个专业中的一个或几个专业的模式。同时要加强文理学科的相互渗透，增设新兴学科，使课程设置具有本土化和国际化的共同特点。以培养宽口径、厚基础的复合型体育人才。

（三）运用国际通行的办法，深化办学体制改革

1. 利用产业化运作方式为教育发展注入新的活力

在充分保证国家财政对体育教学投资稳步增长的基础上建立“政府投入为主，社会共同分担”的多元投资体系，广开体育教学投资渠道，广泛吸引社会资金，拓展体育教学发展的经费来源。推进办学主体多样化，鼓励社会力量办学。进行多种模式、多种机制的办学试验，积极进行部分高

校转制试点工作。形成公办学校与民办学校共同发展的新格局，加快学校后勤社会化。彻底改变学校办学的状况，提高高等学校的办学效益。

2. 以现代技术改造体育教学，实现体育教学手段和内容的革命性变化

要增强用现代信息技术改造传统体育教学的紧迫感，把体育教学信息化列入重点工程，把推进薄弱学校和落后地区体育教学信息化建设作为体育教学均衡发展、积累后发优势和实现跨越发展的战略措施，推动各级各类学校普及计算机及网络知识教育，充分利用现有教育资源开发体育教学软件，提高教学效率和质量，提高体育教学信息化程度。

（四）改进宏观管理，加强对体育教学的预测研究和保障力度

1. 加强体育教学的预测研究

跟踪、采集、整理和加工国内外与体育教学事业发展密切相关的经济、社会发展信息，做好动态人才需求预测和体育教学发展态势预测。

2. 强化支持和保障体育教学的政策力度

依法保证对体育教学的投入。加大财政对基础教育、高校重点学科、优势专业学科建设和高校科研支持力度，加大对贫困地区和弱势人群以及薄弱学校的支持力度。最大限度地保证体育教学的公平。

3. 促进体育教学资源的合理配置

注意运用财政杠杆促进资源优化配置，提高体育教学资源的利用率。在引导开放的同时，注意避免盲目建设、盲目引进以及低水平、低效益的合作办学，避免体育教学市场的自发性、盲目性、短期性、多变性给体育教学发展带来的负面影响，提高高校体育教学办学的整体效益。

4. 确立积极的体育教学人才政策

实施培养、培训与引进三管齐下的人才战略，继续做好留学生和高级访问学者的选拔、培养工作，重点是要吸引留学生中的优秀体育人才。研究有利于优秀人才从教的政策，落实相应的工资、住房、职称、科研项目及经费等方面的优惠政策，留住高级专门体育人才。

五、高校体育教学的前进方向

（一）终身体育教育是高校体育教育发展的必然

终身体育教育是一种全新的思想教育观念，它将影响人终身的健康发展，是高校体育教育未来发展的趋势，高校体育教学应朝着这个方向进行改革与发展。终身体育贯穿人的一生，从学前体育、学校体育到社会体育等各个阶段应有机结合，使体育教育统一于人的生命之中，为人的终身健康发展服务。因此，高校体育教育必须与学生的终身体育相结合，高校体育是学生进行终身体育的重要保障。高校体育教学要以终身体育教育思想为指导，增强学生终身体育锻炼意识，养成良好的锻炼习惯，把健身活动视为生活中不可缺少的一部分。高校体育教学应首先培养学生积极参与体育活动的兴趣和习惯，再发展学生进行体育锻炼的能力，把终身体育教育思想贯穿于整个高校体育教学之中，为高校体育教学服务，以满足社会对高校体育教育的要求。

（二）体育教学改革逐步向符合现代学生身心特点与需求的方向发展

高校体育教学改革应符合现代学生特点和要求，其发展方向主要体现在以下几个方面：一是对体育知识的需求。大学生不但要掌握体育的基本技术和基本技能，还要掌握一定的体育知识，为“终身体育”打下坚实基础；二是对健身的需要。现在大学生开始认识到，健身不仅是自己在校学习期间的需要，也是提高终身生活质量的需要，“健康第一”的教育思想使大学生的健身意识不断提高；三是对健美的追求。社会的改革与发展，使物质文明和精神文明水平大大提高，在校学生的体育观念也在发生着改变，健美锻炼在大学校园逐渐成为一种时尚。但是，对娱乐的渴望。参加体育活动不仅是健身，也是愉悦身心、陶冶情操，大学生在体育运动中寻找乐趣，已成为学校体育教学的主要目标之一。

（三）高校体育教学目标和教学内容趋于多元化

随着体育科学的迅速发展，高校体育教学内容、教学结构与形式、教学手段与方法等都将发生相应的改变，由原来单一的教学目标向多元化目标方向发展，表现出健身、强体、娱乐，发展学生个性和提高竞技水平等多元化目标。多元化目标的发展为完成高校体育教学的任务奠定了基础，突出了体育教学的娱乐性、竞争性、人文性和培养学生的群体意识、协作精神、拼搏精神、自控能力、抗挫能力等，旨在提高学生的兴趣，使学生主动参加体育学习和锻炼。

（四）高校体育教学积极地与多学科融合

随着高校体育教学改革的不断深入，体育不再是单一的发展，它能积极地与多学科联系并相互交融，如与教育学、心理学、生物学、化学等相融合，使体育学科的内涵更丰富、更具生命力，使大学生的身心得到全面健康的发展，使高校体育教学不再是过去单一的技术教学，而是直接面向人的生命健康。另外，高校体育教学要打破传统校园体育的封闭，与日益发展的社会体育与竞技体育紧密相连，以有力推动高校体育教学改革与发展。

（五）高校体育教学应重视创新教育的开展

目前，创新教育已成为高校实施素质教育的重要组成部分，高校体育教学改革应注重对学生创新能力的培养，在高校体育教学过程中，培养学生的创新能力，关键在于体育教师，体育教师要发挥自己的主导与引导作用。一是要确认学生的主体地位，这样才能谈及创新，给学生自主学习、自由发挥的空间；二是要注重培养学生的创新意识和创新能力；三是创新内容要适合学生的认识能力，要指导学生创新方法，给学生留有创新活动的空间，营造一种生动活泼的创新氛围。

第二章　多重理念下高校体育教学改革综述

第一节　高校体育教学改革的理论与实践研究

一、我国高校大学生的体质现状与体育教学改革的必要性

从20世纪60、70年代至今的四五十年间，我国教育部等相关部门在全国范围内共进行了七次学生体质的数据监测。通过这七次的体质监测数据比较我们发现：尽管随着生活质量的提升，学生的身体营养、体脂比重等指标逐年上升，但是高等院校学生的身体质量却在大幅度的下降。其中我国的大学生在身体力量、速度、耐力等身体素质方面的指标下降明显。高等院校体育教学的最终目标是全面发展学生身体运动能力、提高学生自主锻炼身体的能力和提高学生自身身体素质，并为社会输送德、智、体、美、劳全面发展的人才。但是从近年来体质监测的数据比较来看，我国大学生体质健康现状与高校体育教学的最终目标相去甚远。因此，针对我国新时期指定的“健康中国”整体国策，对高校大学生体质教育的改革就表现出了紧迫性及必要性。

二、高校体育教学改革的内涵与目的

（一）高校体育教学改革的内涵

体育是促进人们身心健康发展的一种系统的有组织的行为，改革创新是人们破除陈旧的模式，创立一种新的、与时代相适应、与人的发展相适应的模式与规则。高校体育教学的改革就是要通过创造一种新的、能够更适合高校大学生发展的，并且能够跟得上时代步伐的新的教育教学方式。高校的体育改革如果想要成功，必须从教育的观念、教育的内容以及教育

的主、客体等方面进行一场深刻的教学改革与创新，以适应当前学生的发展，时代的变革。

（二）高校体育教学改革的目的

《中共中央关于教育体制改革的决定》指出，教育体制改革是为了提高民族的素质，培养人才。因此，我国近些年来，在人才培养方面下足了功夫，尤其是在当下我国的物质不断丰富，社会经济不断发展的背景之下，我国对于人才培养方面有了很大的提升。而与此同时，我国社会对于人才的要求也有了更高的提升，社会需要的是高素质人才，而高素质人才就包含德智体的全面发展。因此，高校对于学生体育教育的思想发生了巨大的转变，从传统地掌握一般的体育技能、体育技巧转变为要树立终身体育、健康体育的观念。在这些观念的引领与指导之下，我国高校开始致力于培养学生的创造力与竞争力等综合方面的能力，让学生不仅具有健康的体魄，还要有正确的价值观念与团队精神，更要有崇高的理想，以适应快速发展的社会。

三、高校体育教学改革的理论与实践分析

（一）树立正确的健康观念

在高校体育教学中，体质作为一个核心问题，一直受到重视，但健康观念是会随着社会文明程度的提高而发生变化的，以往人们认为，健康就是人体生理机能正常，没有缺陷和疾病。现在，世界卫生组织的专家认为，健康应包括身体健康、心理健康、社会适应良好和道德健康，从而把人们对健康的认识提高到一个崭新的水平。大学生正处于生理和心理发展趋于成熟的阶段，因此，高校体育教学不应只将提高学生身体素质和运动能力作为唯一的目的，还要把心理健康和社会适应能力作为提高大学生健康水平的重要因素。

（二）正确解读和贯彻“健康第一”的指导思想

《中共中央国务院关于深化教育改革，全面推进素质教育的决定》指出：“学校教育要树立健康第一的指导思想”，它郑重地向所有的学校教育工作者提出，要以振兴中华民族为己任，要培养能够为祖国现代化、科学化建设服务并具有健康体魄的人才。“健康第一”的指导思想是发展学校教育的重点，而增进学生身心健康则是高校体育教学的根本目标。进入

21 世纪以后，随着教育改革的不断深化，高校体育工作者把世界卫生组织对健康所下的定义，适时地引入体育教学目标，并对“身体、心理、社会”三维健康观加以诠释。世界卫生组织早在 1948 年就对健康下了一个著名的定义：“健康不仅是没有疾病或虚弱，而是身体上、精神上和社会适应方面的完美状态。”1989 年，世界卫生组织又将健康定义为：“一个人只有在身体健康、心理健康、社会适应性良好和道德等四个方面都健全，才算是完全健康的人”。对于高校体育教学来说，还应当弄清一个问题，就是对体质与健康的认识。长期以来，我国高校体育理论界和体育教师，都以“增强体质”作为体育的本质功能，而当“健康”的定义提出后，就忽略了“体质”的内涵，这是一种狭隘的偏见。笔者认为，体质与健康是相互并存的，两者不能割裂开来，“健康第一”就涵盖了体质与健康两个方面。因此，贯彻“健康第一”的指导思想，必须全面理解高校体育的功能，才能构建出适应当代人才培养需要的高校体育教学目标体系。

1. 高校体育教学改革要树立科学的育人思想

高校体育教学不仅要传授体育知识和技能，增强学生体质，而且还要从培养德、智、体全面发展的高素质人才出发，给大学生全方位的教育，即体质教育、健康教育、竞技教育、娱乐教育和生活教育等，以适应现代教育发展和未来社会生活方式的需要。为了使高校体育教学有利于培养大学生的整体素质，在选择教学内容，运用教学方法和手段，以及确定教学评价标准体系等方面，都要从科学的以人为本的思想出发，这样，才能取得全方位的教学效果。

2. 高校体育教学改革要树立多元化观念

由于现代体育功能的拓宽，体育活动内容已多元化，已受到人们的普遍重视，人们对体育的态度逐渐从观赏型向参与型转变，体育已成为人们提高身心健康水平的手段，同时又是休闲娱乐的途径。多数人们利用闲暇时间参与自己喜爱的体育项目，体育活动已成为人们生活中不可缺少的重要内容。社会的发展赋予体育更丰富的内涵，如果高校体育仍以传统教学模式为主的教学大纲进行教学是难以满足大学生奠定终身体育基础和丰富体育文化生活的需求的。因此，高校体育教学应树立多元化的观念，多选择一些新型的、实用性的体育项目进行教学，以吸引大学生对体育的兴趣。

（三）培养终身体育思想，建立以增强学生体质和提高健康水平为中心的课程体系

高校体育教学要培养学生自觉参与体育运动的意识，增强终身体育的观念。自觉参与体育运动的意识，就是从自身的需要出发，按照自己的兴趣爱好，自觉地从事体育运动。通过参与体育运动来增强体质和愉悦身心。因为在体育运动的过程中，人只有成为具有健身意识的自觉个体，才能在身心健康方面不断地得到提高。大学生的自主能力已趋于成熟，因此，在教学过程中，要在理论上加以引导，使他们认识到终身体育锻炼的重要性，从而自觉地进行科学的体育健身锻炼。同时，在高校体育教学实践中，应增添现代化教学设施，多开设一些具有时代性的、现代化的、学生感兴趣的项目，充分调动学生的积极性，使学生主动参与运动体验，在快乐中提高他们的体育运动能力，从而为终身体育打好扎实的基础。

（四）高校体育教学目标要与时俱进、推陈出新

高校体育教学目标是指在一定时期内高校体育教学所要达到的预期结果，它决定着体育教学的方向与进程，是评估高校体育教学的重要依据，对高校体育课程的设置，体育教学工作的开展起着指导性的作用。国内外高校教育教学目标的制定，最初都是为了增强体质，主要致力于身体素质的提高。随着社会的发展和科学技术的进步，高校体育教学目标的制定已倾向于体育的更高的、更有意义的价值，已把提高身体素质和人文素养结合起来，已达到提升大学生的综合素质。所以，制定高校体育教学目标应把长远目标与近期目标有机结合起来，推陈出新、与时俱进。

1. 创新教学结构，全面推进素质教育

高校体育教学目标应有目的、有计划、系统地围绕教授知识、锻炼学生素质、培养能力等目标来培养学生。向学生传授体育知识，教授运动技能，通过体育来发展学生的个性，全面提升学生的综合素质和实践能力，为 21 世纪培养更多的复合型人才。完善体育课程内容体系，使 21 世纪体育课程内容，既能满足学生的学习兴趣，又能提高学生体育运动水平，且能提高学生的实践能力。

2. 全面提升大学生的体育文化素养

高校体育教学目标必须充分体现提高大学生体育文化素养这一素质教

育的特点。高校体育教学的基础在于提高大学生的体育文化水平，因为没有文化就形成不了体育，没有文化也发展不了体育。科学合理的体育运动知识以及体育基础理论、体育文化思想、体育欣赏能力、体育研究方法的传授是当前高校体育教学改革的重点。因此，提高大学生的体育文化素养成为当前高校体育教学的重要目标之一。

3. 高校体育教学改革要以发展大学生个性为目标

发展大学生的个性是高校教育的一个重要目标，也是社会发展的需要，是以人为本教育理念的外在体现。在高校体育教学中如何培养和发展大学生的个性，是高校体育教学共同的主题和长期的任务，是充分体现大学生体育观、自我意识和情感发展特点的关键。因此，在当前高校体育教学改革中，应当注重拓宽大学生体育学习的时间和空间，充分发展他们的个性和激发他们潜在的思维意识和创造力。

（五）高校体育教学内容要科学合理

1. 高校体育教学内容要具有合理性

高校体育教学内容必须融科学性、实用性和趣味性于一体，应根据大学生的身体健康目标、意识、技能、兴趣等，不断完善高校体育教学内容和开发课程资源，坚持以“发展学生体质健康为本”，建立增强体质健康的教学体系，实施“分层次”型、“俱乐部”型等新型体育教学模式。使其在高校体育教学改革和推进素质教育的进程中能够充分发挥作用，引导大学生主动、积极地投入到体育锻炼中去。

2. 高校体育教学内容要综合化、多样化

以增进学生身体健康为目标是高校体育教学的根本主体，高校体育是根据学生的身心特点，通过体育教学、科研、群体活动、运动队训练等多方面手段，引导学生通过多样化、个性化的学习，来展现体育教育的生物功能、文化内涵。这是现代多功能的高校体育教学目标所决定的，现代高校体育课程应转向为将实践课程、理论课程、余暇课程、健身课程、电教课程等紧密结合的大课程内容，以充分体现高校体育教学的综合化和多样化。

（六）改革现有体育教学课程评估体系

学生的体育素质既要看重理论知识的理解程度，又要强调对实际体育技能的掌握程度。鉴于学生自身条件和基本素质的差异，体育课程评价应以学生参加课程学习的次数、锻炼的积极性、进步幅度以及自觉性为主，以各单项技术与技能和体质健康标准等方面结合为辅，采用学习效果和过程相结合的综合性评价，并着重于过程性评价。

四、高校体育教学改革中理论与实践相结合

（一）体育教学改革是大势所趋

企业的管理制度都在随着时代的变化而更新，相应的对人才的素质要求也越来越苛刻，高校体育教育只有顺应潮流，深入改革，才能培养出高素质的人才。高校体育教学改革中实现理论与实践相结合有诸多的好处，例如，学生在取得专业知识的同时具有吃苦耐劳的精神；学生在繁忙的生活中有体育锻炼的习惯，从而保持身体健康；提高学生对体育的兴趣从而达到提升学生身体素质的首要目的；树立学生终身体育的思想，等等。虽然各高校都在进行体育课程方面的改革，但是这些改革的深度和广度是远远不够的，大多数的改革和研究还停留在表面或局部，有明显的局限性，将体育教学中的理论知识与实践相结合的实际操作还有一定的困难性。

（二）高校体育教学改革中将理论与实践相结合的措施

一些高校注重理论，实践课时设置的相对较少；一些高校注重实践，基本上都是实践课程，学生的理论知识少之又少。所以目前各高校正在努力地在教学改革中将理论知识和实践相结合。

1.“以人为本”为中心点，建立教学新模式

人是社会的主体，学生是高校体育教学的主体。高校体育教学应该有健康第一、以人为本的观念。结合学生需求，让他们学习体育健康知识，提高体育文化修养，在一个宽松的环境中学习体育，并培养他们终身体育意识。所以要求各高校建立多元化的教学模式，这是由于学生的兴趣、爱好和运动能力不同造成的，一个好学生在基础上“够了”，而另一部分贫困学生在基础上“吃不饱”，这也会直接影响学生的学习动机和教学成效。依据“因材施教”的原则，体育教学应给不同层次的学生提供适合自己特

点的学习机会。

课程设计应合理，分清主次，有选择性地教导学生。可以让学生根据自己的兴趣，加以老师的指导来选择体育项目。目前，多数高校采取的都是选项课体制，但这一体制却免不了会出现教师项目授课和学生项目选课的不一致，因此，学校的选课制度应该不断更新换代，适时调整，既要方便学校展开教学活动，又要节省学生选课的时间。

要使体育课堂教学课内与校外的体育活动有机结合，将学校与社会紧密地结合起来。把有计划、有组织、有目的的课外体育锻炼、运动训练、校外活动等纳入体育教学课程中，形成校内外与课内外有机联系的课程体系。这种新模式是对以往单一教学模式的新突破。

在基础教学阶段，学生所受的体育教育程度的不同，使学生的体育技能不平衡，学生的个性差异使学生对课程有多样化的要求。所以，教师的主导作用和学生的主体作用在课程结构的创新方面尤为重要。

高校体育课程改革的具体内容是对教学结构进行创新，实施开放式教学和管理模式的运作方案。涉及的指导思想、课程结构、课程内容、课程目标、教学组织形式、课程设置、教学方法、教学计划、考核和评价及利用计算机网络技术，都要努力适应社会发展的需要，以满足学生的生理和心理健康。

学校可以围绕教授知识、锻炼学生素质、培养能力等来训练学生，向他们传授体育知识，教授运动技能，通过体育来发展学生的个性，全面提升学生的综合素质和实践能力，为 21 世纪培养更多的复合型人才。所以，学校可以在实践上，把大量体育训练纳入课程中，完善体育课程内容体系。这种新的体育课程内容，既能满足学生的学习兴趣，又能提高学生体育运动水平。

2. 理论指导实践，学生智、体全面发展

教师的教学内容应该是帮助学生认识体育，从而对体育感兴趣。先将理论知识系统传授给学生，让学生在实践过程中自己慢慢体验、消化课堂上的理论知识。这样学生不仅可以牢记理论，实践能力也将有一个质的飞跃。众所周知，课内体育教学的补充和延伸是课外体育锻炼，课外体育锻炼是学生体育学习的复习与巩固，是体育技能的准备。所以，教师及学校应该让学生在课堂之外有更多的实践机会。比如在足球训练中身体素质和体育技能不可有偏废，应该“一视同仁”，使之相辅相成。所以教师在教学中应该运用技术训练和身体素质相结合的教学方法，将速度、耐力、灵

活性等内容纳入基本训练中。在训练结束之后，组织学生观看他们在训练中的视频，让他们自己发现自身的不足，反思在训练中出现的失误；从书本或课堂上教师讲解的事例中分析其他运动者的成功之处。这样学生就能够将技术练习和身体素质相结合，素质和技术相互促进。使学生在学习理论知识后又能接触实战，实现学习兴趣和身体素质的共同提高。

3. 创新教育模式——启发式教学法

在高校体育教学过程中，如果体育教师在为学生讲授基础的体育理论知识的同时，也能为学生进行自由学习与互动提供足够的空间与时间，对于学生创新思维与自主学习能力的发展有着非常重要的作用。因此，高校体育教师在教授基础理论知识的过程中，应该充分结合提问教学法或者分组讨论教学法，引导并鼓励学生对体育学习过程中的问题进行挖掘与探索，然后对这些问题进行归纳与总结，因此，体育教师可以创新体育教学模式，充分利用启发式教学法，具体来说，包括以下两个方面。

首先，激发学生的成就动机。体育教师在教学过程中，可以通过科学的方法引导学生根据自己的具体情况来获取某种成就的动机。不同的学生具有一定的差异性，因此，他们在体育学习的过程中会有不同的心理与行为方面的表现，一些学生追求成功的动机相对较高，他们在具体的体育活动过程中，具有更大的积极性与主动性，同时也具有更加顽强的意志品质与更多的能动性，并表现出更加明显的执着精神，愿意付出更多的努力来完成体育学习的任务。因此，体育教师应该充分意识到激发学生成功动机的重要性，从而保证体育教学目标的顺利完成。

其次，培养学生自我效能感。本书中提到的自我效能感指的是学生对于即将顺利完成的某一任务的期待心理。体育教师在执教过程中，应该充分尊重并保护学生的自尊心，对于学生所遇到的各种挫折与挑战，应给予积极的鼓励与引导。当学生出现错误时，也要对其进行耐心的指导，并时常对其所表现出来的勇敢与努力的精神进行充分的赞扬与肯定，从而进一步激发学生学习的积极性与主动性，并不断促进学生创造能力的发展。

4. 深化教学内容

在高校体育教学内容改革的过程中，应该根据时代发展的特点与需求，以及学生对体育课程内容的掌握程度，来对体育教学内容进行相应的优化与创新，从而促进学生体育知识水平与技能水平的提升。我国素质教育改革的宗旨在于以人为本，因此，高校体育教师在体育教学的过程中，应该严格按照以人为本的教学理念，充分尊重学生的主体性，根据学生的具体实际情况来因材施教，并不断丰富自己的知识结构以及提升自己的专业能力，从而最大限度地调动学生学习体育课程的兴趣与热情。与此同时，体育教师还应该充分注重学生终身体育意识的培养，促使学生终身体育习惯的养成，为学生之后的健康成长与全面发展提供一定的基础。除此之外，体育教师在执教过程中，应该将理论与实践进行紧密融合，从而构建出系统性的体育教学体系，这样一来，才有利于学生体育实践技能与理论水平的全面提升。

5. 重视供给侧改革

高校应该进一步加大对体育教学硬件设施与软件条件的建设力度，并号召广大师生群体充分发挥现有体育教学硬件设施资源的优势，为高校体育教学活动的顺利开展提供足够的物质基础，从而尽可能地激发学生参加体育锻炼的积极性，帮助学生在体育锻炼的过程中逐渐形成终身体育意识。另外，体育教师是体育教学活动的组织者与引导者，对于高校体育教学效果的有效提升具有非常重要的意义，因此，高校应该进一步加大对体育师资队伍的建设与优化。总之，高校应该根据时代发展的要求，定期开展高校体育教师培训工作，促进体育教师专业知识水平与教学能力的更新与提升，并面向社会积极引进优秀的体育师资人才，进一步加强对高校体育师资队伍的丰富与完善。

第二节　高校体育教学中多重教学理念的科学探索

一、高校体育教学理念的三个层次

（一）高校体育教学的宏观理念

1. 快乐体育与健康第一

“快乐体育论把学校体育作为终身体育的一个阶段，把运动置于最终的目的，让人们从运动中体验快乐，并把它作为终生追求的目标。”毛振明认为快乐体育是“使学生根据自己的水平和能力进行自主的学习，充分理解运动和自己的关系，充分理解运动中内在的本质，体验体育中的乐趣，从而热爱运动，养成习惯以至终生。”可见，快乐体育所追求的是由学生自觉自愿地进行运动学习和身体锻炼的体育教学情境。

《中共中央、国务院于关于深化教育改革，全面推进素质教育的决定》（以下简称《决定》）中指出：“学校教育要树立健康第一的指导思想”之后，学校体育有了更广阔的发展空间，这本是学校体育开拓发展的重大机遇和良好条件，但部分教师教学指导思想混乱，把健康第一等同于快乐第一，使教学步入淡化体育课“三基”教学的误区。其实，实行快乐体育与贯彻健康第一两者并不矛盾，而应坚持健康第一的指导思想，通过实施快乐体育促进学生健康成长，即现代体育教学应是以促进学生身心发展和提高学生社会适应能力为目标，通过技能、认知、情感、行为等并进的课程结构，在教学过程中融入生理、心理、卫生保健、环境、社会、安全等诸多学科领域的有关知识，真正关注学生的健康意识、锻炼习惯和卫生习惯的养成，确保健康第一思想落到实处，使学生健康成长。

2. 终身体育与人的发展

终身体育是指坚持体育锻炼和接受体育教育，是整体而长远的体育思想。显然，终身体育就是人生各时期所接受的体育教育、所参加的体育活动及所坚持的体育锻炼的总和。这表明终身体育是一个集合概念。

当今体育运动的种类层出不穷，为贯彻终身体育理念，学校体育教学阶段就要注重把学生培养成能在不同的环境下具有创造性解决实际运动问题的一代新人。但在体育教学中，仍有部分教师还没有充分认识培养学生创造能力的重要性，也没有认真挖掘教学中能促进学生创造能力发展的有利因素，体育教学是教师与学生共同参与的双边活动过程，在这一过程中，“教为主导，学为主体”。所以体育教学，无论是教学内容的选择还是教学方法的更新，都应十分关注学生的运动兴趣，只有激发和保持学生的运动兴趣，才能使学生自觉、积极地进行体育锻炼。

3. 创意体育与观念转变

《决定》指出：“智育工作要转变教育观念，改革人才培养模式，积极实行启发式和讨论式教学，激发学生独立思考和创新的意识。”实施创新教育，目的是培养出大批创新型的人才，创意体育就是在这种背景下产生的。创意教学要求教师转变教育观念、提高认识，改变传统的教学模式，真正落实“教为主导，学为主体”，从而提高学生的创新意识和创新能力。

（二）高校体育教学的中观理念

1. 尊重学生主体地位

教学，作为人类自主建构的活动，其目的无外乎是对人的生命价值、劳动价值、能力价值的挖掘。受唯科学主义思潮的影响，长期以来体育教学把目光聚焦在学生的劳动价值与能力价值上，追求通过教学使学生的技术与能力获得提升，忽视了他们的生命价值，使教学活动本末倒置。体育教学包括基本知识、基本技能的传授和体育精神的培养。知识技能中不存在对学生的终极关怀，它只是立身之术，而非立身之本。体育教学的过程是学生精神的成长过程，而非理性知识与技能的堆积。

每一名体育教师都要心存这样的理念："创建学校的目的，是将历史上人类的精神内涵转化为当下生机勃勃的精神，并通过这一种精神引导所有学生掌握知识和技术。"

2. 关注学生个性发展

我们的教育要培养德、智、体、美、劳全面发展的人，全面发展的核心内容就是个性的全面发展。所谓个性全面发展的人，乃是指在德、智、体、美以及劳动能力各方面都获得正常的、健全的、和谐的发展，而同时又能够充分发展各自的性格、兴趣和才能的活生生的人。为迎接知识经济时代的挑战，我国正在推行素质教育，这更要求我们给学生提供创造个性充分发展的机会，给学生自由选择的空间，让学生根据自己的爱好、兴趣和学习能力，选择适合自己的体育项目，使学生的个性得以充分发展，使每个学生都能体验到学习的乐趣，以满足自我发展的需要。

3. 重视教学的内在价值

教学的内在价值指教学活动作为区别于其他社会活动本身所具有的价值属性，一般包括教学的理想价值、个体发展价值和直接表现在教学活动中的价值。教学的外在价值指教学活动对其他事物所具有的价值，包括教学的功利价值、社会发展价值和教学活动外所获得的价值等。

长期以来，体育教学存在片面强调教学外在价值而忽视内在价值的倾向。由于过分追求教学对于社会发展的意义，从而把个人理想、价值、信念置于社会集体的高压之下，要求个人无私奉献，为全体利益牺牲个人的幸福，结果造成目标抽象、虚幻、遥远，使教学动力不足、被动与落后。

再者，片面强调教学的工具价值，忽视人文关怀，把提高人的生存能力、职业技术训练，提高分数，谋求个人地位的升迁作为活动的基本取向，以牺牲学生的人文精神、摒弃生命的价值与尊严为代价换取个人的暂时“成功”。这种急功近利的指导思想又使教学沉湎于“立竿见影”的短期行为，当教学背负上这种重负时，祈求它出现大的飞跃是不可能的。当然，我们说关注教学的内在价值，并不是置社会发展于不顾，片面强调内在价值最终也会产生消极影响。科学技术的突飞猛进，信息交流的日益加快，知识更新的日新月异使人们步入高速发展的动态社会，这样的社会赋予体育的任务是动态多样的，个人从实际需要的角度对体育的要求又是多种多样的，如果体育教学仍着眼于这些外在价值，必然使它无法自持，陷于被动之中。事实证明，为了适应动态社会，为了推动动态社会向前发展，体育教学必须关注其内在价值，以教学的内在价值完满来回应各种各样的外在要求。

4. 突出教学民主精神

不难发现，现实体育教学中存在大量控制现象，具体表现为以强迫代替自愿、以牵制代替引导、以专制代替民主、以纪律代替自由、以奖励与惩罚代替内在自觉，等等。许多学生上了大学最怕上的还是体育课，尤其是女生，总是托词逃避体育课。为什么我们的体育课让人如此难堪呢？只有让师生双方超越身份、地位、尊严的障碍，在精神上相遇，在情感上共通，通过心与心的密切交谈，获得完整人格并使之得到提升。正如赞科夫所言，“教学一旦触及学生的情感和意志领域，触及学生的精神需要，这种教学就能发挥高度有效的作用。”

（三）高校体育教学的微观理念

1. 教学目标多维观

现代体育教学目标，其内涵十分丰富，在保证体育课生物学功能的基础上，重视体育课社会学功能和教育学功能的开发和提高；注重把学生个体全面发展与社会需要相结合；注重体育与健康教育相结合，培养学生科学的体育与卫生行为；注重学生终身体育意识和能力的培养。

2. 教学内容综合观

现代教学内容应从有利于学生健康成长为目的进行选择与组合，实现多角度、多方位、多渠道的开放教学，合理改变现行的竞技性内容，使其符合体育教学要求。特别要根据不同层次的学生所表现出来的实际能力，对教学内容在难度上进行合理的调整；对教材中有关联的问题，能够举一反三，滚动传授；对学生较为喜欢的教学内容，可以加大比重，根据地域特点，精心选择开设有浓郁地方特色的运动项目的教学；适应终身体育的要求，教会学生简单易行且行之有效的运动技能和锻炼方法，使之终身受益。

3. 教学模式多样观

随着素质教育的全面推行，体现学生主体地位的教学模式越来越丰富。例如，借助教学目标建模理论，提出了“体质教学模式”“体育健身教学模式”“成功教学模式”等；借助教学方法建构模式，提出了“启发式体育教学模式”“问题式体育教学模式”“发现式体育教学模式”等。这些模式根据学生的认知规律，从学生需要、兴趣入手，充分发挥学生的主体参与作用。

4. 教师素质复合观

现代体育将发生两个重大变化，一是从群体的政治需要转向人类自身需要；二是从社会的强制性功能需求转向个体健康幸福生活的主动需求。教育面向未来，要求教师不断提高素质，改变“保守”的体育教育行为，积极投入到时代的改革中去；具备终身教育和促进发展的意识和能力，不断反思和认识自己，塑造自我；具备自觉进行科研的意识和能力，全面提高职业素质。新型体育教师素质的形成，关键是教师自我学习能力的加强。

5. 教学评价全面观

当前，我国体育教学评价忽视了学生的个体差异、主观努力和进步幅度，无法准确评价先天的客观条件和后天的主观努力程度。要改变这种现状，就要建立科学的体育教学考核评价，重视学生对技术动作的掌握情况和对技术动作的认识。教学评价必须注意以下要求：学生对体育课课堂常规的执行情况；学生在课堂教学中的表现情况；学生对教学内容的掌握情况，包括理论和实践两方面；学生完成课外作业和参加课外活动的情况，等等。在考核评价中，除了体育教师外，还可以由体育委员、小组长等成立评价小组，对每名学生做出最终评价，使得这项工作更加民主、客观、公正、合理，更有利于树立良好学风，促进学生全面发展。

思想是行动的先导。在整个高校体育教学体系中，无论是体育教学目标的制定，还是体育教学内容、方法等的变革，从根本上说都受制于体育教学理念。只要我们确定科学的、富有时代精神的理念，就必定能完成体育教学的真正使命。

二、提升高校体育教学理念的途径

针对现存的问题，高校体育应当引入“双主体”育人的教育理念。在高校体育教学过程中，教师是教学工作的主导，而学生则是学习活动的主体，剔除单纯的授—受模式，师生在不同的层面，通过自育、互育，协调互动，达到身体、心理和社会适应能力的全面健康发展，把高校体育的育人效果发挥到最大。要强调学生与教师在体育教学活动中亲密合作、协调互动的双主动精神，提高学生的整体素质，同样也能发挥教师最大的教育才能，提升教育智慧，让师生成为交互主体、双方共同的生命互动和发展。

作为“双主体”育人理念中的第一主体，体育教师应重新确立四个观念：教师观、学生观、课堂观、教材观。

（一）教师观

高校体育教师的职业不仅需要蜡烛和春蚕的牺牲与奉献精神，同时需要比其他课程任课教师更细致、更有耐心，给予学生更多的关爱。高校体育教师的工作不仅是职业、是事业，更是一种生命的历程；不仅是付出、是奉献，更是一种丰富的收获。看到每一个学生都能健康、快乐地成长，作为体育教师应当收获到成功的幸福，发展的喜悦，生命的价值以及人生的快乐，“辛苦但快乐着，付出但收获着”才是高校体育教师真正的追求。

（二）学生观

首先，作为高校体育教师，不能将学生作为“附庸”，应当全方位地尊重学生的思想与权利，尊重每个学生不同的表现、性格，包括不同的学习方法，掌握好对待每一名学生的尺度并且绝对不可以使用体罚或者变相体罚的方式处理问题；其次，体育教师应当发现学生的兴趣爱好与智能强项，极大限度地调动学生参与的积极性，开发学生的潜能，在高校体育教学中，规范和指导学生养成良好的生活、锻炼习惯，健康成长，同时要引领学生学会学习，学会解决问题，更要学会做人。

（三）课堂观

课堂不仅是传授知识的场所，也是教师与学生共同经历的生命历程。所以课堂上不仅要关注学生的参与程度、知识学习、方法掌握、能力提高，更要关注学生情感的交流、情绪的体验、与人的合作交往等。关注作为整体人的生命发展，让高校体育课堂充满生命力，改变高校体育教师仅仅是知识传递者、动作示范者的角色，让教学充满智慧挑战，让学校体育课堂涌动生命成长的涛声，让师生和生生间不断生成新的生命能量。

（四）教材观

一方面，要吃透教材，挖掘教材潜力，充分利用教材显性及隐形资源，创造出更具有参与性的课堂教学；另一方面，要树立教材文本知识样本、例子、载体的观点，教学中也要充分开发和运用自身资源、学生资源、环境资源等。

学生作为“双主体”育人的根本主体，要提高其参与高校体育教学实践的兴趣，带动学生主动参与，“以参与求体验，以创新求发展”。

“以参与求体验”，是指高校体育教学要为每一位学生提供参与教学、活动的机会，要为每一位学生的参与提供足够的时间、空间和宽松的环境。所有高校体育教育活动都要全员参与。每个学生都有且仅有一次成长的机会，这将决定其一生的命运。成长必然有过程，过程必然需要经历体验，体验丰富，才会成长健全。体验是任何人都不能代替的，而体验又源于参与。在此过程中，能体验成功与挫败，体验合作与挑战，体验付出与收获，体验快乐与痛苦，体验爱与被爱。只有在体验中，才能完善个性，才能健康发展。所以在高校体育教学中，“参与”是每个学生的权利，一切活动都要面向每一个学生，不能有被冷落的学生，不能有被遗忘的学生。

“以创新求发展”，是指高校体育教学要重在培养学生的创新意识、创新精神和创新习惯，其目的在于为学生未来创造力的发展奠定基础，从而帮助学生在充满竞争的现实世界中获得更好的发展。因此，高校体育教师要让学生不管是课上还是课下都敢想、敢说、敢质疑、敢别出心裁、敢与众不同。这样，学生将来才敢于实践探索，勇于接受挑战，善于发明创造。

三、高校体育教学理念的转变

学校体育是国民体育的基础，《全民健身计划纲要》提出："要教育学生进行终身体育的教育，培养学生体育锻炼的意识、技能与习惯。"21世纪，学校体育教育的任务是：增强学生体质，提高身体素质和生活质量；提高运动成绩，培养高水平运动员和一大批体育骨干；培养学生终身体育的理念和习惯，为学生终身体育打好基础。因此，我们对体育教育理念也应有所转变，应以终身体育观为出发点，对体育教育的认识从低级走向高级，由封闭走向开放，由单一走向多元，由局部走向整体。

（一）角色的转变

实施素质教育，教师是关键因素。在其他学科中，随着学科内容的更新发展，从事这门学科的教师都要进修和培训，学习一些有关教育理论方面的课程，如教学论、课程论、教育学、心理学等。然而体育教师的继续教育机会却很少，通常一个大学本科毕业的体育教师，二十年前学习的知识至今还能完全胜任现代教学，这在知识更新如此迅速的年代，其结果必然导致体育教育落后于现实。体育教师既是脑力劳动者又是体力劳动者，他们并不是社会世俗偏见所认为的"四肢发达，头脑简单"。体育教师的知识结构不能只满足于"学科知识＋教育学知识"的传统模式，应形成多层复合结构：(1) 掌握有关当代自然和人文两方面的基本知识，具有工具性学科的扎实基础，并能熟练运用。(2) 更多地了解和熟悉信息科学、生命科学、环境科学等知识，了解体育教育对社会、人类进步的人文价值，从社会发展来揭示、认识学生素质发展的规律性；提高教师在人际交往中语言、文字的表达能力，外语能力，具备计算机一般知识和操作技能。(3) 对学科专业知识和技能要深刻理解和熟练掌握，花更多的精力去设计教学，在课堂上更多地关注学生和整个教学进程状况。(4) 应注重现代教育理论和思想、教学目标、教学策略、教学活动设计、教学模式与教学方法、教学评价、现代教学手段及教学科研等知识和技能的学习。(5) 应结合教学进行教育研究，每学期都应写一些科研论文。教师不是单纯地进行知识的传授，而是像心理学工作者那样，发现学生心灵的奥秘，捕捉学生内心的感受，培养学生健康良好的个性，建立起高尚美好的情操。

（二）教材的转变

在高科技蓬勃发展的今天，教学内容的现代化是我国体育教育改革的重要课题。当前最突出的问题是各阶段的体育教学内容没有真正地构成有机的整体。各层次的教材内容缺乏传递性和发展性，致使体育教学内容在低水平上重复，处于陈旧和滞后状态，缺乏时代性和超前性，与学生的现实需求和未来的实际需要不一致。21 世纪是全面提高民族素质的时代。第一，体育教材应与培养学生能力和未来实际需要挂钩，使一些具有时代性和实用性的体育内容进入体育教学，删除效果较差的教材，使教学中的体育与生活中的体育更加接近，使教材能反映现代科学技术的新成果，让学生能学习和掌握体育学科中的新成果、新技术、新动态，提高学生的学习兴趣。第二，教材应反映体育学科的基本结构，加强基础理论和基本知识的比重，使学生便于学习、掌握本学科的基本框架，提高理论水平。第三，教材应多样化，除了必修课外，还应开设各种类型的选修课，以拓宽学生的知识面，建立合理的知识结构。第四，增加教材的趣味性和可读性，增加体育史、教学和训练范例、评价标准和方法。为此，笔者认为，不同类别的学校应从本专业出发，设置和安排教材内容，不能千篇一律。例如，对理工科专业的学生，在体育教材中增加数学、物理、化学、生物学等方面的知识，使学生能对某些运动项目的技术动作进行力学分析，了解和掌握科学训练手段；对医学专业的学生可增加人体解剖学、生理学、战地救护等内容，了解做某一项目技术动作时哪些肌肉参与做功，如何训练其功能及促进健康；对海洋、航海专业可增加水上项目、海上自救、生存能力锻炼及专业技能项目等内容。这样，学生既学习了体育知识，又巩固了本专业的知识，有利于培养学生学习体育的兴趣，并使教材在今后的实践中具有参考和实用价值。总之，教材的制定应考虑现代化、理论化、结构化、多样化、趣味化，教材内容应含有诸多层次：知识层次、能力层次、情感层次、认知层次、教学思想和方法层次。

（三）课堂的转变

学校体育的目的是增强学生体质，然而在当前的高校体育教学中，由于内容繁杂、课时少，教学过程受到严重的挤压，每节课的教学过程因内容膨胀而无法实现目标。笔者认为，想通过两节课来增强学生体质的目标其实是不现实的，只有使学生注重学习运动技能和掌握练习方法，才是体育教学中最实在的目标。如果目标不清，就会使学生在课堂教学中不明白自己是在学习健身方法，还是娱乐活动，或是为了参加比赛。如果各种项目的内容都要面面俱到地在课堂中体现，那么在目前课堂教学设备的条件下，技术教学仅仅是在低水平上的重复，学生既体验不到运动的充足感，又体验不到提高技术和掌握知识的乐趣，教学容易出现因内容空泛而产生的“游戏化”和“活动化”倾向，很多时候只是让学生参加活动，根本达不到体育教育的目标。

（四）器材的转变

在体育教学中，器材因素对教学效果、学生的能力和技术水平的提高与发展，都有很大的影响和限制。如果我们在体育教学中适当地改进或变换一下器材的重量、高度、大小等因素，那么教学效果就会迥然不同。如在篮球的教学中，将篮圈的高度适当降低些，篮球变小些，那么学生就能像美国“NBA”明星那样扣篮；同样，将排球网的高度适当降低些，学生扣球、拦网效果会更好，战术更丰富。学生既能体验到先进技术带来的乐趣，又能激发和调动学生对篮球、排球学习的兴趣和积极性。如果在田径项目考核中，选用技评与运动成绩结合的标准，那么学生在学习中就会重视先进、正确的技术动作的学习，而不是一味地只顾追求运动成绩。如果我们在平时的教学中，采用适当降低重量的器械，加强学习先进的技术动作，如铅球的背向滑步或旋转式投掷技术，并在考核中增加技评考核的方法，那么学生就会增强对铅球技术动作的学习和练习，在动作质量上下功夫，以掌握技术动作为本，使动作质量更高、姿态更美、技术更先进，为今后有机会从事专项训练和比赛打下扎实的基础。

四、高校体育教师应有的教学理念

（一）树立健康第一的理念，促进学生全面和谐发展

长期以来，我国的教育比较注重为国家和社会培养有知识、有能力、有社会责任感的劳动者，这无疑是正确的，但如果过于注重教育的社会价值取向，忽视了教育对个体发展的重要作用，其结果势必严重影响教育社会功能的发挥。古人所说的“修身、齐家、治国、平天下”，其顺序并不是随机的，而是包含深刻的育人道理，试想一下，如果一个人自己的内心都处于混乱、扭曲、不完整的状态，那么他怎么能够发展智慧和能力，他怎么能够和周围的人和谐相处，他怎么能够面对和适应未来社会的急剧变化和激烈竞争，他又怎么能够为社会和国家做出贡献。受教育阶段的学生不但可塑性强，而且还没有形成足够的自我控制和自我教育的能力，外部环境对其身心健康的发展非常重要，学校教育的内容和方法对于受教育者身心各方面发展的质量和速度起着举足轻重的作用，科学全面的教育可以

促进人的发展。长期以来，一直在宣传和强调德、智、体、美、劳全面发展的教育方针，但在狭隘僵化的人才选拔制度和应试教育体制的环境下，知识的灌输和传授成为学校教育的主要活动，升学和考试成了教师教学和学生学习的唯一目的，受教育者其他重要方面的发展几乎是处于自发状态，根本谈不上全面发展。党的十六大报告中首次把“全民族的思想道德素质、科学文化素质和健康素质明显提高，形成比较完善的现代国民教育体系、科技和文化创新体系、全民健身和医疗卫生体系”的价值目标直接指向“促进人的全面发展”。可见，健康素质是全民族整体素质的唯一物质基础，是人全面发展的基本前提。然而，从近年来全国学生体质健康监测公布的结果来看：体能部分指标、肺活量继续呈现下降趋势；超重及肥胖学生明显增多，已成为城市学生的重要健康问题；学生近视率仍然居高不下。说明学生的体质健康状况不容乐观。因此，对学生体质健康担负重要使命的学校体育工作者应树立“健康第一”的理念，进一步加大体育课程和学生体育活动改革的力度，在内容的安排上针对学生体质健康存在的问题，重视选择具有一定运动负荷、能有效提高学生身体素质的体育项目，以改善学生的心肺功能、增强体能、提高其耐力素质，让学生在体育中享受快乐的同时，接受“生存教育”“磨难教育”，以提高学生的抗挫折能力，从而促进学生身心健康的发展。

（二）因地制宜地开展高校体育工作的理念

中国地域辽阔，从北到南，从东到西，无论地理环境、气候条件及经济基础都存在较大差距，如西部经济大不如沿海地区发达，在教育事业经费方面差距很大。体育场地器材设施方面，一些大中城市的学校操场都修建了价值昂贵的全天候的塑胶场地，有漂亮的体育馆，体育器材设施齐全，为高校体育创造了良好的条件；而经济不发达的地区，自然不可能投入很多资金，许多高校仍存在场地器材不足的问题，这是我国经济发展不平衡的现实。另外，地域、气候、风俗、营养环境等因素的影响也使得我国不同地区学生的形态、体质水平与健康状况存在着明显的差异，譬如，2014 年全国学生体质健康监测公布的结果显示：我国农村地区学生健康水平仍然较低，部分体质健康指标乡村学生比城市学生下降的幅度要大得多。因此，体育教师如何正确面对我国高校体育硬件建设的地区差异和学生体质、健康水平参差不齐的现实，根据当地高校体育设备条件及学生体质健康的特点，结合本地区、本民族的地域风俗习惯因地制宜地开展好体育工作应是当代体育教师应有的教育理念。

（三）体育锻炼与养护相结合的理念

增强学生体质是学校体育的根本任务，但影响学生体质的因素是多方面的，有关研究表明，体育锻炼对增强学生体质的影响仅有 1/3，遗传占 1/3，营养和习惯等占 1/3。可见，身体健康除了身体锻炼的积极影响外，有关环境、卫生和生活方式等方面也产生着较大的影响。有些人虽然经常锻炼身体、讲究卫生、注意营养，但不注意健康的生活方式，如酗酒、抽烟，不注意劳逸结合，同样会引起疾病的发生。有些老年人一生不重视体育锻炼，但保持良好的生活习惯，有着“知足常乐”的心态，仍然可以长寿，相反有些人天天锻炼身体，但时有旧病复发，甚至死亡。调查表明：问题并非出在身体锻炼的本身，而是一些人对身体锻炼的科学知识懂得太少。如有些大学生，一方面注意身体锻炼，以为这样可以健康，但另一方面不注意休息，整天熬夜或进行其他不适宜的娱乐活动，精神经常处于兴奋状态中，不健康的生活方式才是致病的原因。可见，身体锻炼是增进健康的积极因素之一，而不是唯一因素。因此，当代体育教师应加强健康意识的培养，树立身体锻炼与养护相结合的教育理念，在促进学生进行体育锻炼的同时，加强对学生的健康教育，提高学生的卫生保健意识和能力，从而促进学生健康成长。

（四）尊重学生的个体差异和自主发展，树立促进学生发展的体育教学评价理念

人类的个体差异是正常而普遍存在的现象。教育作为研究和促进人类身心发展的社会活动，首先应该承认、接受、尊重和研究人与人之间的这些差异，在此基础上才能够科学有效地根据个体差异进行教育，挖掘每一位受教育者的潜能。现代教育不仅要重视学生的个体差异，还要在此基础上尊重学生的自主发展。教学评价是教学过程中不可或缺的一个基本环节。心理学实验表明，对学生学业成绩的不同评价会引起学生不同的情感反应，学生良好的情感反应会成为其学习进步的动力，不良的情感反应会导致其心理和智力活动受挫，造成学习困难。因此，尊重学生的个体差异和自主发展，树立促进学生发展的科学的体育教学评价理念是当代体育教师应有的教育理念。《基础教育课程改革纲要》提出，要建立促进学生发展的评价体系，评价不仅要关注学生的学业成绩，而且要发现和发展学生多方面的潜能，了解学生发展中的需求，帮助学生认识自我，建立自信。发挥评价的教育功能，促进学生在原有水平上的发展。因此，教师应注意

评价方法的多样化，不把运动成绩作为唯一的评价手段，改变那种只顾结果不顾过程、只顾目的不顾手段的评价思路，积极倡导动态的、过程的评价，关注被评价者为达到目的所采用的方法和途径，关注被评价者在达到目的的过程中获得了哪些经历和体验，关注被评价者在获得结果的过程中发生了怎样的进步，重视过程性的评价方法，重视反映学生体育学习情况的定性资料的收集，采用开放式的质性评价方法，如行为观察、情景测验、学习日记或成长记录等，关注学生体育学习、身心发展的过程，将形成性评价与终结性评价有机地结合起来，重视评价进步情况。

（五）面向全体学生的理念

教育应是增进人们知识、技能和身心健康的活动，但是对于因各种原因导致学习成绩比较落后的学生来说，教育活动不但没有充分地增进其知识技能，而且使他们在不同程度上受到了直接或间接的忽视、歧视、排斥，甚至打击，严重地影响了这一部分受教育者的身心健康，也违反了教育活动的初衷。对学校生活的社会学研究表明：教师总是有意无意地对学生进行标定，在自己心中给每个学生贴上一个标签，如聪明或迟钝、知识分子家庭出身或劳工出身、品行良好或品行不端等。标定的结果直接影响到教师对学生的期望和交往态度，如对待聪明的学生，教师常常面带微笑，喜欢俯身靠近这些学生，常常向他们点头，并且喜欢端详他们。大量有关教师期望的研究表明：教师对学生形成怎样的期望，学生就会向着教师所期望的方向发展，高期望向着高成就发展，低期望向着低成就发展。从体育教学质量好、差两类学校的调查结果可以看出：好的高校不会对体育能力差的学生产生低期望，而差的高校则会对差的学生形成低期望。教师对低期望的学生批评得多，表扬得少，对高期望的学生则表扬得多，批评得少。这些研究提示我们，教师的偏见已经在深刻地影响着学生的努力程度和行为表现，教师要有意识地克服内心的偏见，以一种上帝般的博大胸怀平等地对待每个学生，对每个学生都怀着真挚、浑厚的教育之爱，真诚地欣赏、赞美每个学生的成长。这样才能有利于促进每一个学生的全面发展。

（六）培养和促进学生的创新精神

在知识经济时代，创造知识和应用知识的能力和效率将成为影响一个国家综合国力和国际竞争能力的决定因素。人的创造力开发到什么程度，社会就会进步到什么程度，因此各国高层领导都非常重视创造性人才的培养。创造性人才的培养不仅是时代的呼唤，也是国家发展的重要动力。创造性人才最大的特点是具有创新精神和创新能力。大学生正处于发展的关键时期，也是培养创新精神的关键时期。但由于受传统的教育理念的影响，教学方法单一守旧，教学活动枯燥乏味，练习考试追求唯一的正确答案，这些做法严重影响和束缚了学生的活力，很多创造性精神和思维的火花在课堂上被教师消灭在萌芽状态。时代的发展靠创造性人才，创造性人才的培养靠教师，而教师要培养具有高素质的创造性人才，首先要具有培养创新人才的教育理念。体育教师要充分利用体育教育活动在形式上、内容上、方法上等方面的特殊性来培养和发展学生的创新意识和创新能力。

（七）注意学生的可持续发展

随着信息时代的到来，知识正以前所未有的速度不断地更新，新的知识不断涌现，旧的知识不断被淘汰。传统的教师“传道、授业、解惑”的角色已不能适应时代的要求，教师应该迅速地由原来知识的灌输者和传递着，转变为学生学习的促进者、合作者和人格发展的指导者。教育的重点已经不在于教会学生多少知识，而是要教会学生如何学习，教他们如何根据自己的需要去获得信息、选择信息和应用信息，培养他们终身学习的意识和自主获取知识的能力、发现问题和解决问题的能力。今天的教育不但要让学生学会学习，更要培养他们如何进行自我教育和持续发展，并且要把这种学习和自我教育的能力与活动持续到高校教育之后，贯穿他们的一生。现代高校体育的最大问题之一，是多数学生离开学校后，与学校体育教学的内容相揖别，很多传授的运动技术、方法，在一个人的体育生涯中仅是匆匆过客，没有影响到学生的一生，究其原因主要有二：一是所学内容繁杂而不实用；二是忽视学生体育兴趣和习惯的培养。从教育部体育卫生与艺术教育司在北京、长春、沈阳的部分学校就学生参加体育锻炼等问题进行的调查结果显示，学生“不愿参加体育锻炼的原因”主要是“怕累、没有自己喜欢的运动项目、没有养成锻炼的习惯”。说明通过多年的体育教学改革并未培养起学生对体育的兴趣、没有养成体育锻炼的习惯。因此，高校体育教师应关注学生的可持续发展，高校体育应从强调学校学习期间的效益跃升为追求长远效益和阶段效益相结合，教会学生实用有效的锻炼方法，重视学生学习兴趣的培养和锻炼习惯的养成。

第三章　多重理念下高校体育教学模式改革研究

第一节　高校体育教学模式的概述

一、体育教学模式的内涵

（一）体育教学模式是体育价值观和体育指导思想的外化

体育教学活动是人类在漫长的历史过程中根据自身的需要而创造出来的一种特殊的活动。人们在从事体育活动和接受体育教育的过程中，了解和接纳了体育的属性，逐渐形成了体育的价值观。值得一提的是，不同国家、不同民族的文化观念、习俗在体育价值观的形成中，起着十分重要的作用。与此相对应，体育价值观向体育教学指导思想渗透，并成为体育教学模式改革的重要内部因素。从这个意义上来说，体育教学模式是体育价值观和体育教学思想长期作用的产物，是体育价值观的外化。两者之间是体现和被体现的关系。体育价值观和体育指导思想构成了体育教学模式的内涵，我国体育实践的发展即可证明这一点。同时，体育价值观和体育指导思想的多元性使之与体育教学模式之间并非是一一对应的僵硬关系。所以，一种体育教学模式中的体育价值观又具有多重性和层次性。

（二）体育教学模式是体育教学管理的直观形式

体育教学管理就是依据体育管理的理论和方法，结合体育教学的目标、特点、规律，对体育教学过程和各教学环节进行有效的管理。体育教学模式是体育教学管理中具体的、恒定的形式。将体育教学管理作为体育教学模式确立的重要依据，具有以下几个方面的意义：其一，有利于加强体育教学的全面质量管理并使之成为测定体育教学模式效益的重要参数。

质量管理在体育教学管理系统各环节中落实的过程也就是体育教学模式化的过程。在具体的体育教学模式中，全面质量管理包括两个方面：一方面是全过程质量管理，如教学计划过程的质量管理和教学辅助过程的质量管理；另一方面是全员性质量管理，它旨在加强教师、学生和教学条件三大要素之间的联系与作用。其二，通过教学管理，有利于突出体育教学模式的专业化特征。建立强有力的教学管理制度和措施，合理把握体育教学机制，强化渗透性管理是体育教学模式发挥过程效应和加强信息反馈的具体要求。其三，体育教学管理在体育教学模式中的作用，还表现为教学方法的积淀，如在教学内容上，有利于将健身性与文化性、民族性与国际性、统一性与灵活性、实践性与知识性的内容有机结合起来；在教学宏观控制上，有利于将统一要求与分类指导、行政管理与业务督查、基本评价与专题评价结合起来。

（三）体育教学模式是体育教学方法的优化组合

不同的体育教学模式的确立必然依赖于一系列相应教学方法的优化组合，教学方法是教学模式的重要内容和有力支撑。教学方法改革的目标在于丰富体育理论传播的载体，并形成以实用性为主要特征的教学方法体系，从而有效提升教学质量。教学方法改革的过程与教学模式的形成过程方向一致，两者之间，相互依托，由于教学方法的新颖性和多样性，在教学实践领域应用广泛，从而推动了体育教学各类活动模型的产生，并使活动模型在教学模式中占有较大比重。

二、高校体育教学模式的现状和弊端

（一）高校体育教师思维模式落后，注重竞技类体育项目

传统高校体育课程的教学模式主要模仿的是苏联的教学模式，注重运动技能的训练，课堂上主要使用一种体育技能运动和锻炼，评价过程重视学生对技能的掌握，不注重学生的个性化要求和兴趣掌握。高校体育教师长时间都受到这种教学模式的影响，思想观念陈旧，在进行体育课程中总结了一套相关体育教学模式，这种固定化的具有明显教学特色的教学模式，在短时间内容易被学生接受，但是因为本身教学观念的落后，在教学过程中很少进行变通，大学生的心理需求和兴趣点无法得到满足时，就会产生厌烦的心理，体育教学就无法实现预期目标。当代大学生受到周围环境影响较多，受到新观念和新思想影响较多，不愿意接受这种传统的教学

模式，长时间从事同一项体育运动，学生的积极性会受到很大的打击，如果教师不及时进行变通，学生在体育课堂上就会出现各种问题，单调乏味没有乐趣的体育课堂也会逐渐使学生丧失兴趣。

（二）教学方法和教学方式不适应现代大学生心理

现在高校体育课堂上采取的教学方法还是传统的教学方法，在进行室外体育课堂教学时，教师是体育课堂的主体，学生被动地完成教师布置的任务和进行教师指定的体育项目锻炼，这些运动项目就是考试要进行的测验项目，应试教育的现象十分严重。我们不否认应试教育对一代学生的成长有积极的推进作用，但是这种应试教育的教学方法已经不适应当代大学生的心理状态。当代大学生的心理追求个性化，好奇心重，对新鲜事物勇于尝试，反对应试教育，也不希望在体育课堂上受到过多的束缚，大学生有了自己的兴趣爱好，有自己喜欢和讨厌的体育运动，因此采取传统的体育教学模式，对学生体育锻炼的积极性会有很大的打击。

在传统的教学方式下，教师是安排整节课项目的主导，对学生的意见很少听取，而且一般情况下，体育教师安排的运动项目运动量很大，但是一般大学生都不喜欢从事运动量大的运动，教师强制学生进行运动反而会适得其反，只有了解大学生心理，让学生自主安排运动项目进行体育锻炼，才能让体育课更加顺利地进行。

（三）统一性的教学授课不利于学生的个性化发展

进行教学改革的主要目的是促进学生的个性化发展，培养高素质的人才。但是在传统的教学模式下，体育课程是集体授课，教师要面对的是几百人甚至更多的学生。由于学校教学进度的要求，教师要保证每个单独班级都能跟上学校的教学进度，因此教师就对每堂课的教学内容有明确的安排，学生在体育课堂上的主要任务就是跟随教师完成当天的教学任务，根本没有时间从事自己喜欢的体育运动。长此以往，学生在体育课上的学习兴趣就减弱了，学生体育课上兴致不高，就很难进行体育锻炼，而且在这种集体的教学模式下，也不利于学生的个性化发展。大学生在体育课堂上无法进行个性化锻炼，直接影响学生进行体育锻炼的兴趣，这种传统的应试教学模式，已经严重阻碍了大学生素质的全面发展。

三、高校体育教学模式改革创新的措施

(一) 教学过程中重视健康锻炼和快乐体育概念的运用

高校体育教学模式进行改革和创新，首先，应该创新和调整高校体育教师的教学思想，让教师改变原有的教学理念，接受新的教学方式和教学方法，在教学的过程中推进快乐体育的教学理念。高校体育教师一般都是体育专业毕业的教师，他们在教学过程中经常将自己在学校中接受的锻炼强度直接应用到教学中，忽视了高校体育课程和专业体育训练的区别，造成课堂上运动强度过大，出现学生肌肉拉伤或者其他问题。高校体育课程的主要目的是提高学生的身体素质，了解一些简单的体育常识，高校体育教师应该注重学生心理状态的把握，将一些复杂的竞技体育项目进行改良，让大学生更容易接受，在游戏过程中进行体育锻炼，既能达到锻炼身体的目的，还能让大学生更容易接受体育锻炼。高校体育课程也应该受到更多学校领导的重视，将体育教学模式改革放到重要位置上，促进高校体育教师个体对新的教学理念的接受，利用新的教学模式更好地开展高校体育教学。

(二) 重视学生自主性锻炼，重视学生兴趣点培养

大学生已经有了自主意识和一定的兴趣爱好，因此在高校体育课程中进行教学模式改革，应该培养大学生的自主意识，让他们自主选择自己感兴趣的体育项目进行锻炼，把课堂上的更多时间留给学生，让他们自主进行分配，有更多的时间培养自己的兴趣爱好。传统的教学模式注重竞技类体育项目的锻炼和基础体育知识介绍，这种教学模式不符合大学生的心理需求。这种基础体育知识在初中和高中都会学习到，而且在长期的体育课堂中，大学生一旦发现自己的兴趣爱好，就会更愿意在体育课堂上利用专业的场地进行兴趣锻炼。重视大学生自主锻炼，应是教学改革的主要目的。这种自主的体育锻炼，能够让大学生的兴趣爱好得到锻炼，积极性得到更多的提升，也能促进大学生养成终身体育锻炼的习惯。

(三) 改变教学手段，增强体育课程的有效性

高校体育课程进行教学改革上要注意改变原有的教学手段，增强课程的有效性。在传统的教学手段下，教师是整节课堂的主导，教师对整节课

的节奏和内容进行安排，学生被动接受教师的安排进行体育锻炼，这种被动接受式的体育锻炼对教学效果的提高没有任何好处。因此要进行高校体育教学模式的改革，应该注意改变原有的教学手段，教师应该使用新的教学方法。教师在体育课堂上，要将更多的时间留给学生，注重与学生的沟通，对学生感兴趣的运动项目进行记录，了解学生的内心需求。选择学生感兴趣的内容进行教学，然后改变教学手段，以增强体育课程的有效性。

（四）分组教学，注重学生个性化发展

传统的大学体育课程中，教学主要是以班级为单位的，但是每个班级中学生各自的情况并不相同，采取相同的教学方法对学生的活动积极性会造成一定的打击。注重教学模式的改革应该采取分组教学，将大学生根据兴趣爱好和不同的身体状况分成不同的小组，进行分组教学。这种分组教学下，教师能够将有着相同兴趣爱好的学生组织起来进行教学。这种情况下教师就可以更方便地进行教学管理，学生能够在自己感兴趣的教学内容中进行体育锻炼，能够让学生学习的积极性大大提升。在分组教学下，学生的兴趣得到最大的锻炼，学生的个性也会慢慢展现出来，这种分组教学的方法更有利于学生全面提高身体素质和个性化的发展要求。

（五）改变原有的评级体系，系统全面评价学生

体育教学模式的改革要注重改变原来的教学评价体系，不能以单一的评价体系评价学生。高校体育教师应该根据学生不同的身体素质和参与体育锻炼的要求进行教学评价，争取能够全面地评价学生，这样可提高学生参与体育课程的积极性，在全新的评价体系中，教师要注重公平，坚持公正客观，在全面评价学生的过程中，也应该注意学生的身体素质和体育技能的培养，让学生从内心建立起进行体育锻炼的意识。在这种新的评价体系下，教师和学生的关系也能有全新的改善，能更好地促进学生参与体育课程。

综上所述，在传统的体育教学模式下，学生进行体育锻炼的积极性和兴趣被消磨，体育教学的目标也难以实现，只有进行体育教学模式的创新，才能改变这种现状，改变体育教师的观念，明确学生个性化发展的需求，让学生自主选择运动项目，重视对学生体育技能和体育锻炼意识的培养，促进高校体育课程教学目标的完成。

第二节　拓展训练理念下高校体育教学模式的改革

当今社会的竞争是人才的竞争，学生的素质直接关乎我国社会经济发展的质量与速度，尤其是近年来，大学生就业形势严峻，除了是受经济发展滞缓、产业结构调整等外部因素影响外，大学生素质滞后于现代社会的需求也是重要原因之一。随着素质教育的到来，如何提高大学生的整体素质不仅是教育界关注的课题，也是整个社会的焦点话题。一直以来，高校体育教学在提高大学生身心素质方面发挥着重要作用，然而随着“90后”“00后”大学生的普遍化，新时期大学生的体育观和以前有着很大差异，追求新兴时尚、富有激情的运动项目备受当代大学生的欢迎。在这种形势下，高校体育教学必须摒弃传统的以说教、灌输为主的教学方式，要积极引进适合当代大学生特点的教学模式，从而丰富和完善我国高校体育课程体系。

一、高校体育教学中开展拓展训练的必要性

“拓展训练”，又称“外展训练”，英文名 Outward bound，拓展训练作为素质教育新的时尚方式，简单来说，就是将体能、心理和社会适应等多个目标设计在“游戏”活动之中，一方面是以凝练团队为核心目的，另一方面是激发个人潜能。其打破了传统的以“教”为主的教育模式，以其丰富的活动形式满足了素质教育与高校体育课程改革的需求，将其变为有针对性的“项目”。这种“挑战自我，熔炼团队”的培训，让学生在愉快、积极地参与中学到知识、领悟道理，通过亲身体验来挖掘自己的潜能，培养学生积极进取的人生态度与互助合作的团队精神，并启发学生进行深入的思考。在心理健康、社会适应能力这两大课程目标的培养上发挥着重要的作用。

高校体育教学中开展拓展训练的必要性主要体现在以下几个方面。

（一）拓展训练是体育课程改革的趋势

《全国普通高等学校体育课程教学指导纲要》中明确要求，高校在体育教学中要利用好空气、阳光、山野、森林等外部自然条件，对大学生进行户外生活以及生存方面的训练，将课堂教学与课外、校外的体育活动有机结合起来，形成课内外、校内外有机联系的课程结构。

（二）拓展训练是素质教育的需要

素质教育的核心是为学生未来发展打好基础，提倡终身教育，这是素质教育与应试教育最大的不同。在高校体育拓展训练中，教师给学生布置适当的任务，让学生在完成任务的过程中去获得积极的体验，整个过程中教师只是起到组织者的作用，在任务前进行简单介绍和讲解，活动中充分发挥学生的主体地位，尊重学生的主体地位。例如，有的体育教师组织学生体验“盲人方阵”项目，活动中学生被要求蒙上眼睛并分成若干组，要求在一定的时间内将捆缠在一起的绳子围成正方形，所有的学生要站在正方形的四边上，整个活动只靠感觉以及相互之间的配合。该项目培养学生在非常状态下的沟通能力和决断能力，这样的拓展训练就很好地发挥了学生的主观能动性，符合素质教育的需要。

（三）拓展训练课程是传统体育教学的补充

目前我国高校体育课程形式比较单一，授课内容大多是传统的竞技性体育项目，例如，篮球、足球、排球、武术、体操等，这些体育项目竞技性、健身性强，在提高学生体育成绩、身体素质方面有着较大优势，然而在学生合作意识的培养、社会适应能力的提高以及健康心理的培育等方面，还存在很多不足，而且授课场地大多固定在操场上，与外界联系很少。加上高校扩招、学生增多使得体育器材和场地也捉襟见肘，而拓展训练不拘于场地限制，充分利用了外部自然条件，不但突破了体育课程的封闭式格局，而且丰富和完善了体育教学内容和项目，体育教学中有了高山课程、河流课程、森林课程等新颖的教育项目，满足了大学生完善人格、提升素质和回归自然的需要。

二、拓展训练理念下我国高校体育教学模式改革

（一）拓展训练教学的设计原则

1. 以人为本

高校体育教学拓展训练是以学生为主角的一种全新的学习训练方法，并不是简单的体育项目和娱乐的融合。教师在实施拓展训练时，要根据受训者的知识背景、身体素质、专业等因素，有针对性地安排拓展训练内容和组织形式，让学生乐于参与拓展训练，在训练中得到快乐，也能够通过

活动发现自我，认识并挖掘自己的潜能，这就是以人为本教学原则的体现。

2. 注重安全和风险性适度组合

绝对安全的拓展训练吸引不了学生的注意力，也体现不出拓展训练的价值所在。风险是无处不在的，例如，空中断桥、天梯、攀岩、求生墙等项目，稍有不慎就有危险，正是由于这种魅力所在，才能吸引学生的广泛参与。体育教师要注意对项目安全注意事项的教育，让学生在安全的前提下，得到体验。

3. 尊重学生的自主性

在创新性拓展训练教学中，学生需要自己制订活动计划，自己对活动进行有效的组织、沟通、控制和协调，这就为发展学生创造精神提供了最好的机会和场所。在整个活动中，学生充分发挥自己的想象力，将自己的专业知识、素质能力等都用于活动实践中，手脑并用，以达到锻炼目的。

（二）拓展训练教学内容安排

高校体育拓展训练是现代高校体育课程改革的趋势和需要，不是体育教师课堂上随意安排的户外体育项目，而是一套成熟的教育体系。我们不能沿袭传统的拓展训练模式，而是要结合我国高校体育教学的特点，结合高校师资配备、场地设施、财力物力资源等实际情况，进行恰当的教学内容安排。教学内容上可以分为理论部分和实践部分，在理论部分主要讲授拓展训练的基本知识点，例如，体育拓展训练的起源、功能、特点，以及在我国体育教学中的现状等，让学生对拓展训练的价值有清楚的认识，并且对拓展训练中的安全注意事项、一些活动中损伤保健知识有所了解。教师可以选择一些个人项目或便于室内开展的团体项目让学生感受拓展训练的魅力，提高学生拓展训练后期参与学习的积极性，如“大树与松鼠”“进化定律”“国王与天使”等项目在实践部分主要是训练学生的基本素质和综合素质，教师要参照不同类别项目对学生锻炼的针对性和侧重点，以每节课 2 学时为基础，选择一些适合学校条件和学生需求的项目，提高学生的兴趣，如体现团队建设的课程“无轨电车”“信任背摔”“电网逃生”等项目，体现创新能力建设的课程“盲人方阵”“排列组合”等项目。综合素质训练阶段应该以场地拓展训练项目为主，可以结合室内和野外环境，有针对性地设计一些模拟情景的实战项目，如“高空断桥”“高空单杠”“独木桥”“天梯”“求生墙”等项目，以便于在学校拓展训练基地的开展。总之，可通过拓展训练实际项目教学，巩固和提高拓展训练的效果；采用模拟情景的方法，全面锻炼学生身心素质，达到学习的目的。

（三）拓展训练教学形式选择

从目前开展拓展训练的高校来说，有很多不同的形式选择。不同的高校根据自己实际情况以及学生的特点开设了适合自己的训练形式，每一种模式也都得到了学校的认可和学生的好评。这里我们总结几种常见的、具有推广价值的形式：一是利用校内场地。这种模式比较简单，主要将校内场地进行简单的建设和开发就可以进行拓展训练。配有专职教师，主要向校内师生开放。这种形式的特点是简单易行、授课简单，安全系数也比较高。缺点就是缺乏真实的户外体验，而且场地限制导致学生选课人数不宜过多。二是校内场地与野外结合。这种形式的活动场地既需要校内有拓展训练的设施和场地，也需要有齐全设备的户外基地。学生在校内可以进行一些体育项目，由专职教师授课，课程内容丰富多彩，同时，学生在户外也可以得到户外体验和技能培养，由具有丰富户外运动技能的教师进行授课，要求拓展训练的教师具有较强的户外风险处理能力，组织经验丰富。这种拓展训练形式有诸多限制条件，但是可以在一些需要野外作业的专业中进行推广，例如，勘测、水利、农业、地质、石油等专业。拓展训练中可以紧密结合专业，利用户外运动的影响力和需要野外作业的专业要求，将此类拓展训练课程打造成该专业的特色课程，增强学生的学习信心并以此提高学习效率，充分体现了拓展训练在户外教育中的特色。除此之外，还有其他各种形式，例如，可以选择学校和培训机构合作的形式，让学生在一定时间内进行短期培训等。其实不管何种形式，其目的都是从学生兴趣出发，将拓展训练的作用发挥到最大。

（四）拓展训练教学的评价体系

拓展训练不同于传统的体育授课内容，篮球、足球、排球、体操、武术等体育项目都有比较成熟的评价考核方法，而拓展训练关注的是学生心理适应能力、创造能力、团结协作能力的提高，不仅关注学生的成绩，更重要的是发展学生多方面的潜能，传统的考核方式难以对学生进行准确和适当的评价。因此必须建立拓展训练教学模式下的评价体系：一是在评价内容上要进行多元化评价，不仅要关注学生在拓展训练中展示出来的理论知识和实践能力，还要从学生心理适应能力、应变能力、协作沟通能力以及创新能力等多方面进行考核，全面合理地反映学生素质能力情况；同时在评价时也要做到因人而异，学生存在很大的个体差异，能力、背景、专业都不相同，要根据不同学生的不同情形，有针对性地进行个别评价。二是评价时应以激励性、及时性评价为主，为了更好鼓励学生参与拓展训练，教师在评价时要尽量用鼓励性的话语对学生良好表现予以肯定，如“好样的”“你是最棒的”“干得不错，再努力”等，通过给予学生成功体验，激励学生在今后的学习生活中不断地追求卓越。

总之，拓展训练作为素质教育的新时尚，在我国普通高校体育教学中还没有完全普及和推广，对拓展训练还存在诸多认识上的盲点和误区。因此，作为普通高校，要循序渐进地引入拓展训练项目，同时提高体育教师对拓展训练的认识，引进正规的拓展训练设施与项目操作技术规范，使拓展训练能够顺利地开展。

第三节　休闲视角下高校体育教学模式的改革

一、休闲时代的来临

我国自改革开放以来，在不到 20 年的时间内，自 1995 年起实行五天工作制，1999 年 10 月起又实行了春节、“五一”“十一”三个长假。目前，我国已有法定节假日 114 天，闲暇时间已占终身时间的 33%，这表明了我国已融入整个国际休闲社会的背景中。从政府正在出台的政策以及新的产业布局的调整中，可以看到休闲文化、休闲产业、休闲经济的社会条件支持系统正在建立。与此同时，城乡居民的“恩格尔系数”将降至 40%和 50%的水平。这标志着中国人民在走向 21 世纪的时候，已经由生活质量型消费取代了温饱型消费，沿袭了几千年的生活方式——先生产、后生活的观念将发生根本的改变。知识经济时代的来临将使今后的社会以史无前例的速度发生变化，休闲将成为人类生活的重要组成部分。

休闲时代的重要特征之一是人类对“进步”的定义发生了根本的变化，传统意义上的“进步”往往意味着物质生活水平的不断提高。时至今日，物质财富的极大满足，促使人们渴望追求充实的精神生活，“进步”将越来越意味着不断提高生命质量，讲求生活的品位，而且希望以一种更为健康的方式生存下去。几百年来，人类一直致力于改造世界，而在 21 世纪中，人类将会更多地致力于改造自身，人们对休闲与健康之间的关系倍加重视。在这种情况下，休闲成为一个时代的需要，它必然会对当前的高校体育教学模式产生强烈的冲击。

二、休闲体育运动与高校的关系

休闲体育就是指在自由时间里，个体或群体以各自喜爱的身心活动形式为手段，通过个体自身或群众互动来达到满足身心愉悦目的的一种现代生活方式。它使现代人从生存环境的外在压力中解脱出来，体验和感受现代社会生存的乐趣，也是现代人面对快节奏社会生活的一种应对策略，更是现代人生活方式的一种标志。休闲体育内容繁多、方式丰富、雅俗共赏，无需高规格的场地器械条件，也没有严格的技术要求和规则限制，可自娱自乐，也可群体参与。它强调的是乐趣，其目的是在活动的过程中通过舒畅的心理体验去体会生活的意义与价值，享受生活情趣。把休闲体育引入高校课堂教学和课外体育活动易于激发学生参与体育的热情，能够培养学生的体育兴趣，从而为学生形成良好的体育习惯、树立终身体育的思想和行为构筑坚实的基础。

高校休闲体育是休闲体育在高校范畴内的分支。高校休闲体育是指高校学生在体育课程和有组织的课外体育活动之外所从事的体育活动。它作为一种文化范畴的休闲活动已逐渐成为教育事业的重要组成部分和重点。它在深化高校体育改革、创造积极的休闲体育文化、丰富校园生活，以及对大学生的身心健康和创新能力的发展方面发挥着重要的作用。休闲体育是学生适应现代社会需要、满足个人兴趣、达到健身养心和调剂学习紧张气氛而自愿参与的一种非正式组织化的体育活动，具有较大的行为自由度，它将学生的健康与时代需要相结合，和教育改革相结合，为校园生活注入新的活力，对高校体育事业的发展起着推波助澜的作用。

三、高校休闲体育的意义

（一）营造良好的高校校园体育文化氛围

高校体育文化氛围的营造，不仅可以丰富大学生的余暇生活，而且可以构成高校特有的校园文化，显示出体育在高校文化建设中对人的塑造所起到的积极作用，赋予高校体育新的内涵。虽然休闲体育是一种自主随意的活动，但从高校教育培养人才的角度来看，学校的教育功能和管理功能，绝不允许大学生休闲体育的放任自流，需要学校在一定意义和层面上进行组织与管理。因此，在高校体育教育中首先要更新观念，确立科学的体育健身观，树立健康第一的指导思想，以学生全面发展为核心，积极在校园中开展休闲体育教育，把休闲体育、休闲保健的观念变成学生的自觉意识，形成良好的校园文化氛围。同时，在建设校园体育文化中，高校要根据大学生休闲体育的特点，进行有效的制度建设，如学校体育的组织系统、体育管理体制和体育制度。强有力的制度的确立是营造良好校园体育文化氛围的保证。

（二）休闲体育对提高高校学生生活质量具有重要意义

大量实践和科学研究证明，利用闲暇时间经常参加体育锻炼，是预防现代文明病的最佳方式。通过休闲体育可消除紧张的情绪，有利于精力和体力的恢复。在闲暇时间里进行休闲体育活动，既能使体质强健，精力旺盛，使工作学习效率提高，又能松弛身心、舒缓压力，情感得到宣泄，使疲劳的身心得到积极的休息，使情趣得到陶冶，使知识得到丰富。同时，休闲体育还能增强大学生提高生活质量的意识，大多高校都为大学生安排了繁重的课时任务，在疲于应付课时任务的情况下，大多数学生主动参加体育运动的意识淡薄，而休闲体育给参加者轻松愉快体验的同时，会让参与者产生积极参与的想法，参与者由被动变为主动，从而更有利于提高大学生的学习和生活质量。

（三）休闲体育对推进高校学生素质教育具有重要意义

素质教育这一命题清楚地揭示了教育的终极目标，即从人的本性上得到完善，从人的综合素质上得到提高。高校体育教育是学校教育的重要组成部分，高校体育教育就是强调素质教育对人的本质施加影响。休闲体育作为校园文化活动的重要组成部分，它不仅保留了体育强身健体，促进学生生长发育和智力发展等功效，而且由于减少了竞技体育的功利性，扩大了体育运动的自主性、娱乐性、实效性，从而增强了体育活动形式的灵活性、活动时间和场地的自由性以及运动强度的舒缓性。因此，休闲体育为培养和造就高素质的创造性人才提供了一个更为自由的天地，开拓了一个更加广阔的空间。

四、高校体育休闲化课程观的建设构想

（一）体育休闲化课程概念界定

课程是一个发展性的概念，广义的课程是指所有学科的总和或者指学生在教师指导下各种活动的总和，狭义的课程是指一门学科。毛振宁认为

"体育课程是在学校指导下，为了使学生能在身体、运动认知、运动技能、情感与社会方面和谐发展的，有计划、有组织的活动。"还有学者认为体育课程是指"以实现学校的教育目的为目标，融合德、智、体、美四方面的教育，提高学生的综合素质，以促进学生身心健康发展为目的的特殊教育。"因此，体育休闲化课程作为新兴体育课程观念，如何对其内涵进行界定是本书需要解决的首要问题。

笔者认为，体育休闲化课程是为了适应社会发展的需要，满足学生的休闲运动需求，使学生能够充分吸取休闲运动养分，张扬起生命的活力并形成良好生活方式的课程。通过体育休闲化课程内容，提高运动兴趣，改善身体素质，使学生形成健康的体育运动习惯，实现学校体育到终身体育的过渡，满足学生的休闲需求，扩大课程内容的选择范围，使学生获得满意的、高质量的休闲运动体验，实现学生的全面发展。

（二）体育休闲化课程教学理念

1. 以学生为主体，教师为主导

体育休闲化课程教学理念重视学生学习的主体地位，关注学生的个体发展，尊重个性，通过学生的主体价值来实施和选用教学方法，编排课程内容，同时还要注重学生与教师的互动性。体育休闲化课程强调学生与教师之间的生命互动和对话。体育课程的生命化强调尊重学生的主体性、以学生发展为中心，关注学生的个体差异，提倡个性发展需要教师与学生之间实现互动性、平等性，以学生为主体、教师为主导要求教师与学生双方共同参与，以此实现生命之间的对话。目前我国高校体育课程基本还是以教师"教"为主，学生自己练习为辅，缺少教师与学生之间的互动、交流，将生动鲜活的体育课变成了枯燥、乏味的体育演示课。体育休闲化课程旨在根据学生的需要，增强课程的休闲、娱乐性，通过休闲化课程内容的选择，调动学生学习的主动性，提高教师的教学积极性，实现师生之间的互动。这种主体间的互动有利于教师与学生相互理解、相互沟通、相互启发，使学生成为课堂的中心，有利于促进学生身心全面发展。

2. 从关注学科到关注人

中华人民共和国成立以后，我国将体育一直定位在"学科"范畴，体育的传统教学观念是以教师为主体、课本为中心、忽略了学生学习的主体性、主观能动性，忽视了学生的情感、态度、兴趣，过于强调技术、机械

地传授技能，使体育课成为学生的机械训练和简单模仿，实质上是过于关注学科，而不是关注学生本身。改革开放以后，随着外国先进教育思想的引进，我国学者也开始反思，到底体育课程是什么？我国体育课程观经历了四个阶段：为无产阶级政治服务的课程观导向阶段→以增强体质为主的课程观导向阶段→“健康第一”的课程观导向阶段→“以人为本”的课程观导向阶段，由此可见，关注人本身、学生本身越来越得到教育学者的重视。确实，教育无法与社会的经济基础和上层建筑相分离，但是教育更应该关注生命，关注学生本身，强调以学生的生命化教育为体育课程的出发点。体育休闲化课程关注的是学生的身心体验，在教学过程中强调的是体育运动的乐趣，不同类型体育运动的体验与理解，并不是某一节体育课程在结课后所能达到的技能水平。

3. 从注重结果到关注过程

我国体育课程长期以来受泰勒的目标模式影响，强调目标的引导作用，认为目标统领过程、目标决定方法、目标决定内容、目标决定评价，在这样一种目标模式下，我国体育课程的编排往往以目标为中心，通过预期的结果去考量课程的科学性，忽视了对过程的关注，导致学生对体育课程毫无兴趣，没有在课程中感受到体育的意义，体育课程本身的身体表达没有彰显生命的价值。体育课程本身应该是动态的学习过程，应该看重学生在学习过程中的身体变化和内心体验，这种课程体验是个人成长不能缺少的“营养剂”，学生在整个成长环境中，身体、心理的发展都有阶段性，其发展存在多种可能性以及不确定性，因此在体育课程中只关注结果会妨碍学生对体育教学过程的生命体验，失去体育课程的价值。休闲化课程观意在改变重结果轻过程的教学方式，在休闲化的课程内容中更多的是关注学生学习的过程，关注学生的体育兴趣需求，关注学生是否形成了体育生活方式，将体育运动融为生命的一部分，在快乐的体验中感悟生命的价值。

4. 把握教育的“慢”节奏

把握教育的“慢”节奏，是对学生成长规律的尊重，是对教育内在规律的尊重。教育是一门科学，更是一门关注生命质量的“慢”的艺术，生命对于每个人，每个学生都只有一次，所以现代社会教育更重视生命的质量。根据史料记载，原始体育是来源于生命发展的需要，是对生命本源持久性的一种追求，而我国长期以来的体育教育无视了这种生命本源特性，将体育目的异化为“三基”式的体育课程。要关注学生生命的发展，必须尊重学生身心发展的内在规律，即发展的阶段性、差异性、顺序性、互补性，注意把握课程节奏，根据学生身心发展特点制定教学内容。大学生身心各方面发展都趋于成熟，拥有独立自主的思想，需要多样化的体育课程内容，传统的课程内容、教学方法已不能满足大学生的实际需要。同样，传统的教学方法也没有突出学生的主体地位、个性发展。一个学期学完一种体育项目，许多学生都表示没有学到项目的精髓，只是盲目学习结课考试的内容，机械、被动地练习，很多知识技能被老师很快地讲解完，来不及掌握。因此，改变快节奏的体育课程模式，需要休闲化的课程内容，其多样化的内容选择，不仅更好地满足了学生的个体需求，课程的娱乐性；而且更注重体验的过程性，弥补了传统教学方法的弊端，能够使学生更好地参与到体育课程中，成为课程的主体。

（三）体育休闲化课程内容选择

1. 根据学校资源配置合理选择课程内容

课程资源是实施课程必要且直接的条件，是课程形成的要素来源，课程资源包括素材性资源和条件性资源。教师是教育最为直接的课程资源，要不断提升自身的教育素养、学科能力、沟通能力、道德品质并不断进行学术研究，在教学过程中实现师生共建、教学相长，使体育课程成为动态、开放、面向生活的课程。学校与教师还应该走向社会、走入生活，打破传统的固定时间、地点开设体育课程的观念，拓展体育课程内容、课程空间，使学校成为开放、先进的课程系统。这些多样、丰富的课程资源势必会促进教学手段的多样化和教学内容丰富化，从而激发学生的学习兴趣，开发出生动活泼的体育课程，改善当前学生体育兴趣缺失等问题。同时，教师对课程评价也会有不同的选择，还能体现体育课程评价的多元性。休闲化课程不同于体育院校的休闲体育课，在普通高校也可以开设休闲化课程，改变传统的足、篮、排、乒、羽、网、健美操这几门从初中学到大学的体育课程内容。通过相关调查可以发现，普通高校从大一到大四的体育课程采取选修或必修模式，而选修课可以选择的内容，基本就是传统的足、篮、排、乒、羽、网、健美操，大学生的体育课学习兴趣低迷，急需课程内容的创新。

（1）根据地理位置选择课程内容

由于高校的分散性，体育休闲化课程内容的选择要根据学校所处地理位置，根据地理位置合理选择课程内容，并且注意气候季节的特点。例如，在东北地区，冬天气温较低，在零下10℃～30℃之间，这种气候条件下可以开设滑雪、滑冰等课程，学校应合理规划好课程时间，为路上时间的消耗留出空余。又比如，高校附近有海域的地区可以开设划船、帆船、潜水、钓鱼、木筏漂流等课程；内陆地区可以开设攀岩、徒步越野、登山、定向、高尔夫、保龄球等课程。具体开设情况还需要根据学校的经费、安全等条件来合理安排，体育休闲化课程观是一种理想课程状态，想要完美地实施还需要社会经济发展的支持，并需要解决一系列现实性问题。

（2）根据学校场地、经费选择课程内容

在学校场地、资源、设施、经费有限的条件下，想要开设体育休闲化课程，需要资源的合理配置，如果学校不具备开设休闲课程的师资力量、经费支持，则可以在有限的资源里，尽可能地增加课程的娱乐成分，在传统的足、篮、排、乒、羽、网、健美操课程中，改变以往的以知识、技能学习为主，考核达标为评价标准的课程内容及评价体系，以学生为学习主体，以学生喜爱的方式教学，而不是以考核内容为主体。

2. 尊重学生兴趣爱好，合理安排课程内容

高校体育休闲化课程观，是指高校体育可以根据休闲体育的不同类别，合理选择、安排、设置体育课程，或者在常规的体育课程中增加休闲体育成分，使学生摆脱枯燥乏味的知识、技能课，增加课程的娱乐成分，调动学生学习的主动性、积极性，以实现学生身心全面发展、个性发展，以实现生命化教育。我国高校体育课程中选修课课程内容单一，有些学校还有人数限制，不能满足学生的需要，在尽可能开设多一些课程内容的基础上，合理规划各班级人数，以满足学生的学习需要，从根本上解决学生缺乏体育学习兴趣的问题，使其自主、自觉地参与体育课程，形成体育生活方式，以实现学习的终身化。目前学校的体育课程多采取必修与选修结合的方式，在这样的课程体系要求下，可采取大一、大二进行必修课程，大三、大四开设学生可自由选择的选修课程，在最大限度上实现尊重学生兴趣爱好，合理安排课程内容，使学生能够通过学校体育放松身心、回归自然，享受在运动中获得的乐趣，从而改善学生体质，促进学生身心全面发展。

（四）体育休闲化课程评价体系

1. 课程评价应注重过程

对学生的学习评价应该包括对学习过程和学习效果的评价，主要包含运动知识、技能、认知、体能、学习行为与态度、合作精神等内容。学习是动态的、阶段性的过程，学校应该根据学生身心发展规律在不同的学习领域中设置不同的课程目标，同时重视对学生学习的各个阶段的评价，计入总成绩，而非期末考试单一的成绩考核。虽然目前我国各高校对学生体育成绩的考核方式和内容已经有不同程度的改革，但评价方式单一、重结果轻过程等问题并没有得到很好的解决。而美国、英国、日本等国家在体育课程的评价体系中普遍采用过程性评价。在新课程标准的指导下，我国学校体育课程观体现了“以人为本”的指导思想，但是许多学生仍担心身体素质达标测试和技能达标考试，对待体育课程兴趣不足，缺乏主动性与积极性，应付考试，这就说明我国目前的体育考核相关工作仍旧有待改进。因此，对体育成绩的评定应注重过程评价，将过程评价与结果评价相结合，以此完善评价体系。

2. 课程评价目标综合化

目前我国高校运用的体育课程评价方法，多以学生的期末考试成绩作为一学期的课程评价结果，而期末考试内容则多以技能考核为主，以理论知识为辅。仅将技能掌握情况作为最终的课程评价方式，显然是存在问题的、是片面的。从大学生的身心发展特点来看，体育课程评价应该更为强调休闲娱乐和生活感受，以多种娱乐性、自发性的学习方式来满足学生的多样化运动需要，培养学生体育的综合素质，形成健康的运动习惯。因此，休闲化课程评价强调对学生进行综合化的评价。

我国高等教育法对学生身心发展要求以及对大学体育课程的教育目标，主要有以下几个方面，即培养学生体育运动兴趣、促进学生身心全面发展、传授学生基本的体育运动技能、使学生养成体育运动习惯。所以，体育课程评价也应该包括上述这四个方面。此外，体育课程还应该具有连贯性，学生在各个时期内在体育课堂上表现的态度，也应在评价中表现出来。因此对这五方面评价目标的具体分配上，笔者认为：第一，技能掌握情况占35％；第二，学生出勤及学习态度占25％；第三，学生自行制定的学习目标达成情况占15％；第四，学生身体素质情况占15％；第五，学生课后体育运动情况占10%。

3. 课程评价指标多元化

我国现行的体育课程评价体系受技能技术、应试教育的影响，教学内容往往直指期末考试项目，大多只关注学生的体育技能水平、知识、身体素质等方面的发展，教学方法也多依据竞技运动的思路来要求学生掌握技术动作，并以统一标准和内容要求所有学生，忽视了学生的个体差异、兴趣爱好以及学习的过程。根据综合性的课程评价目标，对学生成绩的评价也应该具有多元化的评价指标。具体来说，是将五方面的评价目标，再具体细分为多元化指标。第一个评价目标为学生技能掌握情况，指标可以分为两方面：一是技能专项评分占60%，二是进步幅度评分占40%。第二个评价目标为学生出勤及学习态度，指标可以分为两方面：一是出勤率占50%，二是学生学习态度及精神面貌占50%。第三个评价目标为学生自行制定的学习目标达成情况，指标可以分为三方面：一是目标的制定占25%，二是远近期目标的修正与检查占25%，三是目标达成评价占50%。第四个评价目标为学生身体素质情况，指标可以分为两方面：身体素质与体质测试，各占50%的比率。第五个评价目标为学生课后体育运动情况，指标可以分为两方面：一是课外体育活动参加情况占50%，二是体育赛事或竞赛参加情况占50%。

4. 淡化考评作用，树立终身体育观念

体育的目标是促进健康，增强体质，提高人们的生活质量，树立终身体育观念。终身体育是贯穿人的一生的体育观念，不是阶段性的体育目标。目前，我国高校体育课程评价以运动技能和身体素质检测等定量的标准去要求学生达标，并以此标准判断学生的体质、健康程度，这样的标准不仅缺少依据，还违背了考核的意义。高校急需转变重技能、技术的传统评价方式，在运用综合化的评价目标和多元化的评价指标，真正做到“以学生为本”，帮助学生树立终身体育观念，形成体育运动习惯。从学生的生理、心理发展规律和教学规律出发，提高学生的体育运动兴趣，充分调动学生学习的主动性，同时加强对体育理论知识的教学，提高学生认知水平，增强人文素质教育，以终身体育的观念为立足点。

五、从休闲看当前我国高校体育教学模式改革

（一）制约我国高校体育教学模式改革的因素

1. 对当前体育教学指导思想中的健康理解存在误区

目前，我国大部分高校已不再把提高学生运动技能作为主要的指导思想，而是将其改变为以增强学生体质，增进学生健康为主；同时培养学生的体育能力，养成终身体育的习惯，注重学生的全面发展。随着社会经济科学技术文化的发展，现代社会对“健康”的认识已从单一的身体健康向“身体—心理—社会”三维健康发展。将学生特征和社会特征相结合。由于人们对现代社会中“健康”的认识仍是片面的，还停留在身体健康就是健康的层面上，使其对当前所提出的教学指导思想认识出现偏差，没有充分考虑到大学生的心理和社会因素。认识上的缺陷导致当前高校体育教学模式改革中普遍缺乏对形成良好的学生个性心理和与现代社会融合的改革措施。

2. 体育教学实践模式单一，发展缓慢

多年来，我国的体育教学模式改革已经从理论上对体育教学的思想、目标、内容、方法和组织形式进行了非常深入的探讨，并取得了大量的理论研究成果。但是在体育教学实践模式中的改革却远远滞后。例如，现阶段提出的选项制、俱乐部制等教学模式，在具体的教学实践中还是大量使用以条件反射为基础，着重以动作技能学习和形成的体育教学模式，换汤不换药，从而使得高校的体育教学工作形成了理论是一套，而实践又是另外一套的现状。另外，作为体育教学模式依据的教学指导思想在改革中一旦发生变化，与之相应的教学内容、教学方法、学习评价方式等也应随之发生改变。但是当前高校体育教学的指导思想在不断创新发展，而作为体育教学思想理念贯彻形式的教学实践模式却跟不上其创新速度，造成了其发展的缓慢。

3. 高校体育教学制度改革滞后

高校体育教学实行的是二年制普修。即一、二年级进行体育教学，三、四年级则自行安排进行练习，几乎没有组织，也没有教师进行辅导，大多数学生不知道如何进行课外锻炼。据调查，只有 1/5 的大学生业余时

间会自主参加体育活动，而大部分学生都是将时间花在上网、聊天、睡觉等方面，对学生身心的健康发展造成很大的障碍，学生难以树立正确的体育观，使养成终身体育习惯成为一句空话。另外，在一、二年级中，很多学生的课外体育活动参与情况也不容乐观。据调查统计显示，不知道如何锻炼、没有兴趣、没有场地设施是大学生不参加体育锻炼的主要原因。普通高校长期以来只注重课堂教学效果，忽视了对学生体育意识和课外体育锻炼能力的培养，使其逐渐失去了参加体育活动的兴趣，从而影响了他们参加体育锻炼的积极性。

（二）休闲体育理念下高校体育教学模式改革思路

1. 转变体育教育观，强调心理体验与社会衔接

21 世纪高校体育教育观念，首先要在高等教育总体培养目标下，有新的内涵。不仅要强调体育强身健体的功能，更要重视体育对人的情绪调节、心理愉悦的作用。学校体育的根本任务应该是树立正确的体育价值观，树立体育休闲的意识。在学校内，一方面是学生抱怨没有时间、没有场地进行体育锻炼，另一方面是在学习之余上网、聊天、睡觉。根本原因是学生没有养成良好的体育锻炼习惯。其次，学校并不是与外界毫无联系的净土，学校教育要适应社会的需求，在休闲成为时代主旋律的背景下，未来高校体育要把握体育的本质联系，通过体育教学，培养学生的健康与终身体育意识、提升学生的体育锻炼能力，为进行体育活动打好基础。

2. 选择适宜的休闲教材和体育项目

在现代生活中，学生和教师都扮演着新的角色，教师不再是知识的掌握者，学生也不再是单纯接受知识的白纸，学生获得知识的渠道越来越广，获得信息的速度也越来越快。如果我们的教材项目仍不能引起学生的兴趣，课堂教学就难以实现学校体育教学目的。兴趣是最好的老师，在学校体育教学内容方面，要给学生选择的自由，做他们所愿意做的。根据本校实际和学生的个性差异，开展一些新兴的休闲体育项目，如定向越野、软式排球、体育舞蹈、攀岩等，是非常受学生喜爱的。把休闲理论与本土的体育文化习俗相结合，在高校体育中引入民族传统体育项目，如秋千、爬竿等，既有广泛的群众基础，又注重了不同群体的需求。因此，普通高校体育教学应立足于体育文化素养与终身体育行为能力的教育需要，重视学生的成人性和体育建设的社会性、时代性，充分考虑学生的兴趣和习惯

的培养，结合体育基础理论知识教育，建立以休闲健身为主要内容的教学体系。要尽可能从健身休闲的角度考虑，多选择那些难度不大、易于开展、适合成年人长期锻炼并使之终身受益的运动项目，以提高大学生参加体育活动的兴趣，充分发挥大学生的主观能动性。

3. 采用灵活多样的教学形式

学生对体育知识的掌握及基本技术和技能的提高是一个自然发展的过程。在体育教学中要真正地将受教育对象视为主体，根据学生身体素质、运动水平、兴趣爱好、体育特长等方面存在的差异，结合学生的实际，让学生根据自身特点、实际需要和兴趣选择项目，对不同的群体采用不同的教材、教法。在教学中要注意为学生营造宽松的教育情境和学习氛围，积极引导学生在运动中感受快乐，通过有趣味的组织形式，让学生在轻松愉快的氛围中培养体育的兴趣，把体育作为一种休闲娱乐活动。这样才能充分调动学生学习的积极性和主动性，才能使学生在体育活动中体验到一种轻松愉悦的心境。

4. 加强体育师资队伍建设，重视课外体育活动

教师是高校开展休闲体育教育的重要因素。在现阶段师资力量有限的情况下，高校体育教师应从单一学科向多个学科的复合型方向转化。教师应不断提升自我，使自身休闲体育素养得以不断提高。经常举办一些休闲体育讲座，加强休闲体育的教育与宣传，培养学生正确的休闲理念与态度习惯。了解当今流行的休闲体育项目和学生最喜欢参加的休闲体育项目。针对学生个别差异，选编多样化的休闲体育教材，逐步实行分层选项与乐趣化的体育教学，同时兼顾不同类型及形式的休闲体育活动，照顾不同群体的需求。制作有关休闲体育的多媒体教学课件，强化休闲体育的教学效果。同时，重视课外体育活动的开展，我们应在加强课堂教学改革的同时，对课外体育活动的价值和功能进行重新定位，应把课外体育活动纳入课堂范畴来认识。可将大学四年均设置为选修课形式，根据学校的师资情况、场地器材和学生的基础，将体育理论课和实践课结合的内容按时间分为几个部分，也可以一、二年级是选修课，三、四年级以体育俱乐部的形式开展，给学生更大的选择和学习空间，有利于学生锻炼习惯的培养和终身体育的形成。

随着我国社会、经济的不断发展，高校学生不仅有了时间，也有了钱，具备了参与休闲的必要条件。普通高校的体育教学模式改革应顺应时

代，树立学生的全面发展观，关注学生的身心健康，用他们感兴趣的项目和方法使他们体验到运动的快乐，从而使其在今后的社会生活中树立起良好的体育意识，把体育作为休闲娱乐而坚持终身。

第四节　阳光体育理念下高校体育教学模式的改革

近年来，学生体质健康成为全社会关注的焦点。2006 年 12 月 23 日，教育部与国家体育总局联合召开了中华人民共和国成立以来第一次“全国学校体育工作会议”。2007 年 1 月 29 日，全国性“阳光体育运动”大型活动正式启动。2007 年 5 月 7 日，中共中央国务院印发了《关于加强青少年体育增强青少年体质的意见》[中发（2007）7 号]，5 月 25 日国务院召开了加强青少年体育增强青少年体质的电视电话会议，一时间学校体育工作被摆到了国家层面，“阳光体育”这一名词强势进入公众视野。2012 年国办发 53 号、2016 年国办发 27 号文件等系列文件，进一步推动“阳光体育运动”、促进学生体质健康持续发力。在此背景下，要求我们将增强学生体质作为学校教育的基本目标和重要评价内容，全面实施《国家学生体质健康标准》，广泛深入开展“全国亿万学生阳光体育运动”，保证学生在校期间每天至少参加 1 小时的体育锻炼活动。

阳光体育运动广泛开展背景下需要关注的事实是：高校大学生在身体、兴趣、个性特征等方面差异显著，大学体育必须关注学生发展，实际上是关注人性的发展，关注学生的个性发展。正如著名教育家尤·康·巴班斯基所言：“教育与个性发展相统一和相互联系是教育过程的规律。”《全国普通高等学校体育课程教学指导纲要》的基本理念之一是“关注学生的个体差异和不同需求，确保每个学生受益”，这与构建和谐社会和素质教育的时代强音不谋而合。和谐社会的构建与素质教育的实施需要和谐的体育教育，高校体育教学自然成为实践健康体育、快乐体育和终身体育的重要场所。然而，有调查表明，目前大学生对体育课的认同度低，90%以上大学生喜欢体育但不喜欢体育课，学生体质持续下降。这一结果同大学体育课没有考虑学生需要和爱好的“一刀切”的评价标准、单一的教学模式、僵化的教学管理使得大多数学生在体育学习过程中体验不到新奇与刺激，成功与自豪等不无关系。为此，基于学生个体差异视角，应根据“和而不同，谐而不一”的精神，通过差异性教学目标、多样化教学模式和开放式教学管理满足大学生的体育需求，确保每个大学生受益，真正落实阳光体育运动。

一、高校体育学习中的学生个体差异分析

在高校体育教学中，比起生与生之间的共性，更应关注大一新生在体育基础方面的差异。在“应试教育”的背景下，学生的体育参与意识、学习态度与兴趣、体能、技能掌握等方面参差不齐，为体育教学的有效组织带来难度。为加强教学实效性，提高大学体育教学质量，根据技能基础和体育学习兴趣把大一新生划为四类个体差异生（如图 3-1）。

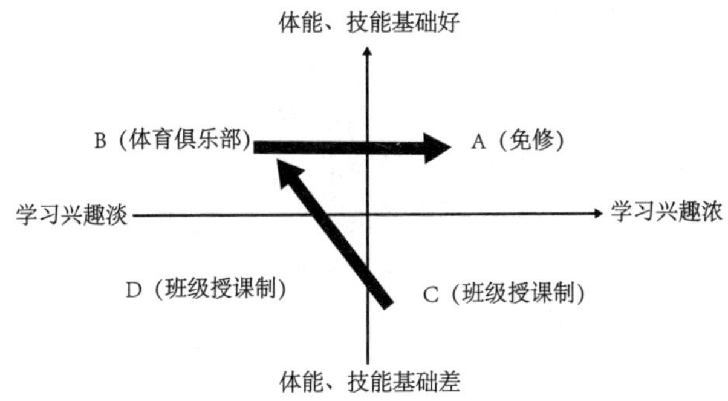

图 3-1 体育学习中个体差异生的划分及对应的教学模式

A 类：体能、技能基础好，体育学习兴趣浓。这类学生身体素质过硬，技术熟练，自信心强，会学会玩，体育已成为生活方式，往往以男生居多。

B 类：体能、技能好，体育学习兴趣淡。这类学生先天身体条件优越，体育参与积极性不高，缺乏对体育重要性的认识。

C 类：体能、技能差，体育学习兴趣浓。这类学生身体素质一般，比较热爱体育，自信心不足。

D 类：体能、技能差，体育学习兴趣淡。这类学生由于各种原因，长期不参加体育活动，身体素质很差，对体育有严重自卑感，可能是体育教师眼里的体育“差生”。

由于基础体育教育问题，在现实中，C 类和 D 类学生占绝大多数。

二、基于学生个体差异的高校体育教学目标

体育教学目标是体育教学指导思想的具体体现，是体育教师组织和进行体育教学活动的指南，也是评价体育教学质量的重要依据和指标，由目标要素和目标水平组成。目标要素即目标体系的组成部分，如认知目标、

技能目标、情感目标等；目标水平即目标内各要素所要达到的标准，是评价教学质量的依据。

（一）体育教学目标要素

自中华人民共和国成立以来，我国体育教学目标几经变化，从传授“三基”到“增强体质”，再到身心全面发展。从单一走向多元，从笼统走向具体。周红萍对20世纪80年代以来我国高校体育教学目标的研究文献调研得出，包容性最大的体育教学目标系统有10个要素：改善健康状况，增强体质；学习和掌握体育知识技能；竞技教育，提高运动水平，为国家培养优秀运动员；培养学生体育能力；满足学生娱乐心理，享受体育乐趣；奠定学生终身体育观念；提高学生心理素质和体育文化素养；以体育锻炼为手段，对学生进行思想品德教育，培养优良品德；以身体练习为手段，促进学生身心发展；帮助学生掌握锻炼身体的方法。由此可见，我国高校体育教学目标的多元化趋势明显，若将上述要素全部纳入体育教学目标显然是理想的教学目标，但过于宽泛、重点不突出、不切实际，会带来体育教学目标的“空壳”现象。

根据结构—功能主义理论，视体育教学目标为一个系统，目标系统中有中心目标和外围（辅助）目标。中心目标是统一要求，即所有在校大学生都要实现的目标，在此基础上条件更好的高校和能力更强的学生可实现外围目标，这就是教学目标要素的差异性。相关文件和众多专家学者对教学目标中心要素早有明确表述。《中共中央 国务院关于深化教育改革 全面推进素质教育的决定》指出：“健康体魄是青年人为祖国和人民服务的基本前提，是中华民族旺盛生命力的体现……使学生掌握基本运动技能，养成坚持锻炼身体的习惯。”曲宗湖教授认为：现阶段中国学校体育仍然以增强全体学生体质，提高身心健康水平为主要目标；另外一个重要目标即培养大学生终身体育的兴趣、习惯和能力，以保证终身健康。周登嵩、毛振明教授也指出：“体育教学目标是掌握知识技能、开发兴趣习惯、培养创造能力，同时，尽可能地同步发展学生的体质。”无论是个体发展需要，还是社会发展需要，学生的终身健康都是至关重要的。高校体育教学不仅要保证学生在校期间的体质健康，也为学生走出校门后的终身体育起到保驾护航的作用，是高校体育教学目标的中心要素，也是高校体育的使命。外围目标要素是在保证中心要素得以实现的基础上，不同学校可根据办学特色、学生实际及相关基础条件有选择的增加。

（二）体育教学目标水平

由于外围目标要素在不同学校间存在差异性，只有中心目标要素是相同的，故重点探讨学生在体育教学目标两个中心要素方面分别应达到的标准，分为基本标准和发展标准。按照和谐的要求，学生的体育基础差异是制定评价标准最重要的依据，须制定统一要求上的有差别和多样化的教学目标水平要求。统一要求上有差别和多样化的水平要求不是抽象的，而是具体、可以评价的。“统一要求”是基本标准，“有差别和多样化”是发展标准。不同体育基础的学生发展标准要求不一，正是教学目标水平差异性的表现。

对于体质健康要素来说，基本标准是《学生体质健康标准》对大学生的最低要求；发展标准是按照《学生体质健康标准》的内容，使每一个学生的身体素质在原有基础上有所提高。对于终身体育要素来说，基本标准是养成参加体育运动的习惯，掌握1～2项运动项目的技能；发展标准是具有坚持体育运动的自觉性和良好的习惯，掌握多项体育运动的基本技能。

三、多样化的高校体育教学模式

大量文献调研表明，近年来，广大教育工作者在体育教学改革的实践中总结提出了近百种体育教学模式，形成了一批相对成熟的体育教学模式，取得了一些显著成果。杭兰平等人的调查表明：92.4%的体育专家学者认为目前高校体育教学模式不能满足实现体育课程目标的要求，认为目前我国高校体育模式比较单一的达到了89.13%。因此，应吸收几种比较成熟的体育教学模式优点，结合学生个体差异进行搭配，使体育教学过程得到优化。不同个体差异适用的体育教学模式如表3-1所示。

表3-1　不同个体差异适用的体育教学模式

	适用对象	组织形式	教学特点
班级授课制模式	C、D	行政班	教：教师起主导作用，因人而异制订教学计划，使学生达到《学生体质健康标准》的要求 学：学生自身的压力增加，信心也会增强，学习状态会大大改善，主动性也会随之增强

续表

	适用对象	组织形式	教学特点
俱乐部模式	B	俱乐部	教：教学内容以运动技能为主，教师负责辅导和陪练，着眼于培养学生的终身体育兴趣、习惯和能力 学："三个自主选择"
自主学习模式	A	自主学习	教：教师根据学生需要提供指导，学生可申请体育课程免修 学：学生自主安排体育学习时间、学习内容，对学习结果自我评价

从表 3-1 可看出，针对不同的个体差异应采用不同的教学模式。在实际操作中，如何通过科学、严格的考核标准将全部新生区分开来是关键。新生进校后，学校应对新生组织统一测试。

测试内容包括：①身体素质。按照《学生体质健康标准》对大学生的要求，一次性全部通过的学生是身体素质好的学生。②终身体育能力。举办新生运动会、班级运动会，在田径、球类、体操、武术等项目中有两项以上达到规定水平的学生是终身体育运动能力强的学生。终身体育运动能力强反映出学生体育运动的意识、习惯和能力已基本达到终身体育的要求。只有两方面同时达到学校规定标准的学生才是 A 类学生，采用自主学习模式；B 类指《学生体质健康标准》达标，但终身体育运动能力没有达标的学生，采用俱乐部模式；除 A、B 类外的学生则采用班级授课模式。

（一）自主学习模式

Holec 认为"自主学习是指学习者能够对学习过程中的各方面问题进行自主决策。"高校体育学习中的自主学习模式是指学生自主选择学习内容、学习方法、学习时间，对学习结果进行自我评价，通过自我调控主动获取体育知识，发展体育能力，提高个人素养，教师根据学生需要提供个别化指导的教学模式，即我的体育学习我做主。

对于 A 类学生，学校可实行体育课程免修、学生自主学习模式。这部分学生在课外自觉自主参加体育活动的时间远多于课堂学习。在班级体育活动、体育运动竞赛和学校体育文化节中他们是骨干力量。从体育教学目标的两个中心要素来说，他们已达到体育教学目标所要求的较高水平。因此，体育必修课程 144 学时对他们而言已没有实际意义，甚至会因缺乏挑战性而对体育课产生厌倦。在学业成绩评价方面，由于统一测试证明他们已达到教学目标所要求的评价标准，对自主学习的结果学校不需要做强制性评价，以每一个学期或一学年为单位，学生进行自我评价，提交书面自我总结和自评成绩存入学籍档案。

（二）俱乐部教学模式

俱乐部教学模式的设置以学生为主体，充分尊重学生选择，满足学生体育需要，实现“三个自主选择”（自主选择运动项目、自主选择学习时间、自主选择教师），有效提高学生体育学习兴趣和积极性的同时发展学生的特长与个性。学生既可以选择从未接触过的运动项目，也可以选择有一定基础和优势的项目继续提高，充分体验运动的乐趣，养成终身体育锻炼的习惯。

对于B类学生，学校可采用俱乐部教学模式。这类学生身体素质已达到教学目标的要求，应重点培养他们终身体育的意识、习惯和能力。大量实践证明，俱乐部教学模式是培养大学生的终身体育兴趣、习惯和能力的最好途径，学生通过“三自主”参加体育俱乐部，接受俱乐部成员熏陶，充分发挥自己潜能，实现自我价值。俱乐部教学模式对学生学业成绩的评价标准不再是单一的技能和体力，而是以大学生体质健康测试为参考，重视学生体育参与兴趣和习惯的培养，重视学生健康体育观、终身体育观和特长技术的综合评价。

（三）班级授课制模式

班级授课模式是相对于前两类模式而言的，是按照高校体育教学大纲，在相对固定的教学时空、师生间开展教学，实现统一教学目标的模式。在应用班级授课模式过程中，我们要有所突破和创新，在教学内容的选择和教材加工、教学组织方式和教学方法、教学管理等方面要进行深入地改革，尽量满足大学生体育多方面的需要。

对于C、D类学生，学校仍应采用传统以行政班为单位的教学模式促使他们尽快达到《学生体质健康标准》的基本标准。《学生体质健康标准》是从身体形态、身体机能、身体素质等方面综合评定学生体质健康状况的评价体系，是大学生体育的底线，除少数病、残、弱及个别高龄学生外，绝大多数大学生都必须达到相应的要求。因此，学校应按照教学计划通过强制性的课堂教学，督促学生强化锻炼意识，提高体育能力，逐步达到《学生体质健康标准》对大学生的要求。对部分特殊群体学生，传统体育课应因人而异地对他们提出切实可行的评价标准，以鼓励他们积极参与体育锻炼，强化身体素质。由于A、B类学生的分流，所剩学生的班级规模不大，有利于教师组织教学，因材施教，为每一个学生制订训练计划。教学目标明确，且是最低要求，学生自身压力增加，信心也会增强，学习状态会大大改善，主动性也会随之增强。通过课堂教学和课外体育活动，绝大多数学生可达到《学生体质健康标准》的要求。在此基础上，可对学生的终身体育意识和能力提出进一步要求，使更多大学生达到高水平的体育教学目标。

四、高校体育教学模式间灵活开放式管理

教学模式间的开放式管理就是三种教学模式对所有学生都开放，学生经过自身努力随时可以从下一类教学模式进入上一类，即从班级授课制模式→俱乐部教学模式→自主学习模式。

在应试教育背景下，许多中小学生都是在统一的、僵化的、封闭的教学情景（模式）中接受学习和实现目标的。当他们经过层层选拔进入高校后，渴望能在高校这一宽松、开放的舞台上充分释放自己过去被压抑的心灵和身体，需要在体育活动中充分展示自我才能，体验运动乐趣。然而，高校体育的课堂仍然是班级授课制教学模式，很多同学会失望。如，A、B类的学生“吃不饱”，感到体育课索然无味；C、D类的学生“吃不了”，自卑感越来越强。那么，班级授课制教学模式必然引起大学生的不满，使各种问题和矛盾凸现出来。实施多样化的教学模式可有效解决上述问题，不同层次的学生各得其所。然而，多样化的教学模式毕竟是手段，使全体学生，特别是在人数上占据多数的C、D类学生能得到有效发展，提高体育教学效率才是最终目的。

由于学生个性发展和独立性程度的不断提高，每位学生都热衷于自己感兴趣的、没有任何约束的体育活动，所以，应实行动态、开放式的教学管理，鼓励学生在不同教学模式间流动，如：对于C、D类参与班级授课制教学模式的学生，如果他们的身体素质达到《学生体质健康标准》对大学生的要求，则允许他们申请到体育俱乐部，学习专项体育运动技能；对于B类的参与体育俱乐部的学生，如果他们通过自身的努力在专项体育运动技能上达到俱乐部规定的标准，则允许他们申请免修，参加自主学习模式。依此分析，尽管多数学生是在班级授课制教学模式之中，但由于是开放式的管理，所有学生在任何时间都可以进入上一层次的教学模式。为了能够进入上一层次的教学模式，在师生的共同努力下，过去认为体育困

难的学生，通过教师有针对性的教学和自己课外主动自觉的锻炼，他们的身体素质会得到迅速提高，体育能力和体育意识也会随之增强，会有更多学生达到体育教学目标，使每个大学生都受益。

第五节　生态教育理念下高校体育教学模式的改革

一、生态教育理念的基本概述

（一）生态教育观的演进

作为一种全新的教育理念，生态教育理念被提出的时间很短，但是古代就孕育着生态教育的思想萌芽，到近代加以完善和改进。生态教育试图将教育与其周围所关涉的生态环境充分地联系在一起，有利于两者的相互作用，寻找其规律性。

（二）生态教育理念的萌芽

生态教育胚芽早就根植于古代的教育中，中国教育鼻祖孔子在公元前就奠定了教育的基本思想。古希腊时代的苏格拉底也开创了西方教育的基本道路。近代卢梭的自然教育思想中就包含了一些生态教育理念的萌芽。

1. 古代生态教育理念意蕴

孔子（公元前551—479）在《论语·阳货》中说，“性相近也，习相远也”，这就意味着孔子在当时就意识到了教育会受到环境因素的影响，对于教育对象，孔子提出“有教无类”的观点；教育目的是“学而优则仕”，基本目的是培养君子；更提出了以“仁”为核心的道德教育，在实践上主张立志求仁、亲身躬行等道德修养方法；在原则和方法上主张学、思、行并重，“学而不思则罔，思而不学则殆”；孔子更是世界上第一个提出启发式教学的人，“不愤不启，不悱不发”；“求也退，故进之；由也兼人，故退之”，表明了孔子的因材施教原则。墨子提出“染于苍则苍，染于黄则黄”。《荀子·劝学》中也提出“蓬生麻中，不扶而直；白沙在涅，与之俱黑”。孟子（公元前372—公元前289）在《孟子·滕文公》中强调：“后稷教民稼穑，树艺五谷；五谷熟而民人育。”孟母三迁的故事，更说明当时人们已注意到教育与自然环境、社会环境的关系。《学记》是世界教育史上第一篇完整的教育专著，其主要的教育思想就蕴含着生态教育理念，“君子如欲化民成俗，其必由学乎；建国君民，教学为先”，说明了教育的重要性以及教育与政治的关系；“是故学然后知不足，教然后知困。知不足然后能自反也；知困然后能自强也。故曰：教学相长也”，此观点与我国新型师生关系所提倡的“教学相长”相一致；“时教必有正业，退息必有居学”意味着臧息相辅；“道而弗牵，强而弗抑，开而弗达”则体现了启发式教学思想。这些中国古代的教育思想与生态教育所提倡的观点有极大的相似之处。

苏格拉底认为教育不是单纯地授予知识，而是凭借正确的提问，刺激对方思考，通过对方自身的思考亲自去发现真理。他在教育理论上的最大贡献是苏格拉底教学法，亦称“产婆术”，这种教育方式需要师生共同参与到讨论之中，以辩论的方式开展教学活动，具有启发式教学的特点。柏拉图指出，为身体的健康而实施体育，为灵魂的美善而实施音乐教育。体育中包含舞蹈和角力，除了强身健体以外，还要着重发展学生各部分动作的和谐的节奏。音乐贵在能抒发豪迈的情感，培养勇敢的德行，摒弃萎靡哀叹的歌曲。不难发现，这是对文化环境和教育关系的一种肯定。

2. 近代生态教育思想雏形

生态教育思想是由可持续性教育思想和环境教育思想萌生而来，而自然研究教育是环境和可持续性教育思想的前身和始基。

早在生态教育概念提出以前，自然与自由教育思想的观念就已存在。卢梭1762年出版的《爱弥儿》，被誉为是西方世界的第一本教育哲学。在这本论著中，卢梭表明，相比书本知识，孩子最初在和自然界的互动中学到的东西要更多。通过与自然界的互动，儿童的感知能力、理解能力和思维能力等各方面都会得到更大和更加全面完善的发展，这是书本教学不能达到的。虽然部分言论可能言过其实，但是对19世纪教育事业的发展还是起到了重要作用。他对未来教育的新颖远景做了预计，虽然他的预测并不确切且难免夹杂着曲解，但毋庸置疑的是其思想为19世纪教育的前进指明了道路。卢梭的自然教育理论对教育事业的发展做出了重要贡献，该理论颠覆了传统教育思想，为未来教育发展勾勒了蓝图，为教育应合理地利用自然环境，教育应合理开发人和自然本性的自然教育思想奠定了基础。

仔细考察自然教育的全过程，我们不难看到，卢梭推崇自然状态下的人的个性的自由发展，主张教育应遵循自然的要求，人的天性是教育的最好老师，形成了独特的自然教育理论。除了其本身思想的高瞻远瞩外，卢梭关于自然与自由教育的研究高于书本知识的教育理念之所以能对后世的教育产生巨大影响，还与当时的社会背景相关。因为自18、19世纪以来，自然科学成就突出，对于自然科学，人们推崇备至、欢欣鼓舞。这样一来，一些科学家也开始相信自然研究是最好的补充，认为光靠书本知识是远远不够的。建立在这一基础之上，很多学者探讨了相关课题并且取得了大量成果。不过截至目前，真正能够解决问题的方案并不多。由于时代的飞速发展，这些课题的重要作用逐渐显露出来。卢梭的教育思想在历史上曾起过巨大的作用，到现在仍具有深刻的启发意义，是生态教育发展的基础。

(三) 生态教育理念的实质及发展

教育根植生态，生态滋养教育，生态教育是在特定的条件下，培育全面发展的综合型人才以及迎合可持续发展的社会需要。在现代全民教育的过程中融入生态学的思想理念，是多元教育主体与生态环境相互作用的规律和机理的表现状态。在未来，生态教育也将朝着更加现代化的方向发展。

1. 生态教育的实质

生态教育是依据生态学的原理，建立在生态系统的基础之上，以协同进化和生态平衡的思想开展教育工作，对教育现象和成因进行深入分析，寻找教育发展规律和掌握未来的发展方向，并且研究生态环境因素和教育之间的相互关系。生态教育具有丰富的内涵，它的教育对象包含了全社会的决策者、管理者、普通市民、学生等；教育形式也多种多样，包括课堂教育、典型示范、公众参与等；教育内容涵盖了生态学和生态知识、理论的生态文化、生态价值、生态健康、生态哲学、生态过程和生态鉴定、生态美学、生态文明等。

生态教育具有较强的客观性，因为它的存在形态是客观的，不是人的主观意识的产物，不以人的主观意志为转移。生态教育的内容是客观的，它反映了人类社会发展的规律、人才成长的规律，人类的进步靠人才的推动，因而它也反映了人类社会进步的规律。生态教育历史因果也是客观的，培养综合型人才需要基于优质的教育。由于生态教育具有较强的独立性，犹如自然生态，不论人类社会如何变迁，生态教育都不依赖于人类社会的权力机制。

从哲学的角度来看，利用生态教育能够转变我们的世界观，也是深化教育功能的有效路径。哲学思维能够深化生态伦理道德的教育功能。具体来说，生态教育主要涉及以下几个方面：首先是要认识到人和自然之间的和谐关系，这是生态教育的重要前提。无论是生态环境还是有关生态的诸种因素都会对教育产生不同程度的影响。生态教育研究需要对教育生态结构进行深度剖析，从宏观和微观的角度研究生态教育，结合年龄等因素对生态教育进行层次化分析，这具体涉及生态系统中的个体、生态系统结构、教育群体，生态教育的分布模式、教育的水平结构。生态教育还与群体迁入、迁出、波动以及性别比例等因素存在紧密联系。通过对生态教育相关因素的分析，能进一步明确其主要功能：揭示生态教育的平衡与失调、迁移和潜移规律、生态教育的良性循环与协同进化、富集与降衰规律等相关生态教育的基本规律，从纵向和横向展开，进一步论述生态教育的可持续发展。

2. 生态教育的发展趋势

20 世纪以来的科技进步和生产力发展速度是过去千百年发展速度的上百倍，随着科学技术不断地进步，先进的科技生产技术层出不穷，人类科技与社会的发展速度可谓日新月异。因此，在社会高速发展的今天，发挥生态教育的作用和功能，也是现代化教育的需要。鉴于此，我们需要掌握好现代化教育的基本特点，才能与时俱进。具体来说，生态教育现代化发展主要有以下几个方面的特点。

第一，树立现代化观念，这和现代化环节的很多因素紧密相关，生态教育现代化研究必须重视这些因素。生态教育也是现代化教育活动的范畴，其教育意义与理念的更新在很大程度上取决于观念，因此能否树立开放程度高、多元化程度高的现代化教育观念至关重要。

第二，生态教育的内容也应具有现代化的特点。因此，未来需要对世界生态教育发展方向有准确的把握，不断学习新的教学理念和教学方法，结合生态教育出现的问题提出有针对性的解决方案，了解全球最新的生态教育形式和科学技术的发展，掌握全球范围内最新的社会政治、文化和经济的实际情况，积极更新与生态教育有关的各个学科的新发展和新突破，科学地选择生态教育内容。

第三，生态教育手段现代化。人是生活在社会中的，人的重要特性之一就是社会化，用现代化的科技发展推动社会的发展和进步非常重要。教育的对象是人，因此更新教育观念有着十分重要的作用，一方面能够提升我们的思想，另一方面也能够起到丰富教育内容的效果。如果教育手段比较落后，那么生态效果的作用将难以发挥。总之，未来发展生态教育需要与时俱进，跟上社会发展的步伐。

第四，生态教育主体现代化。学生是自我教育和发展的主体，这就要求学生在教育与活动中发挥主观能动性。主要表现在自觉性、独立性和创造性三个方面，其中创造性是学生主体现代化的最高表现。学生在受教育阶段接受了大量的知识文化和价值观念，在教育主体发展过程中把吸收到的知识进行积累，使个体发展既发生量的变化，又发生质的变化，能够提高其创造性，使其更好地适应生态教育现代化。

二、生态教育的价值和意义

生态教育主要是使人成为本真的人，是以人为本，完善人性的教育，是鼓励人自主独立地学习，培养其不断学习和探索新知识的能力以及创新能力的教育，是满足当代社会发展需要的教育。

（一）生态教育对人才培养的价值

开展生态教育有助于我国培养全面发展的复合型人才，有助于培养富有创新人格的创新人才，以满足当代社会发展的不断需求。

1. 有利于培养全面发展的复合型人才

由于现代社会发展十分迅速，社会对人才的要求也在不断改变，目前的教育模式已经难以满足社会对人才的要求，人们更加重视教育的人性化程度。人在成长中会受到教育的影响，或者说教育很大程度上决定了人的发展。对于教育而言，它首先是人类社会文明的一部分，也是每个生命体必须经历的阶段，还是连接人与人、社会与人的关系的桥梁。因此开展教学工作需要以学生为中心，摒弃传统教学以教师和教材为中心的思想，重视受教育主体的感受，促进主体的全面自由发展。随着改革开放进程的不断深入，教育界也进行了大量的变革并且取得了一定成果，但是传统教育根深蒂固，生态教育工作的开展还是受到很大程度的阻碍。鉴于此，未来需要将生态教育落到实处，在教育中重视人性，通过生态教育促进人的全面发展。未来在培养人才时应该对生态教育引起高度重视，这样才能够为社会培养更加优秀的人才，这也是培养复合型人才的一种必然要求。

关于生态教育，它对人的自由、完整及全面发展十分重视，所以对人性自主、完整、多样性有很高的要求，希望通过生态教育来提高人的积极性、主动性以及创造性，希望通过大量实践来促进自由教育与个性发展的融合，而且传统机械化教育模式没有使用特定情境将学生的人性诉求充分激发出来。约翰纽曼指出，通过教育能够让人清楚地对自己的观点有更加深入的了解，同时让自己保持清醒的状态。建立在教育的基础之上，人们能够更好地阐明自己的观点，增强表达的说服力，增加鼓动力量。通过生态教育让学生能够更好地认识世界，保持清晰的思维。

2. 有利于培养富有创新人格的创新型人才

为了培养更多的创造型人才，未来需要进一步开展生态教育工作，增强国民素质的同时提高其创新能力。提高国民素质与创新能力，是新世纪教育的培养目标。实现这一培养目标，基础教育必须改革与创新，必须开展生态教育，实施创新素质教育，即搞好以生态教育为核心的全面素质教育，培养高素质创造型人才。唯有如此，才能完成党和国家赋予教育的伟大使命。目前素质教育工作已经得到了广泛的开展，在具体实施的时候高校应该围绕生态教育展开，重视个性发展，注重文化、心理、技能以及身体等多个方面素质的培养。假如教育改革方向偏离了生态教育，那么创新就很难实现。通过创新，人类不断改造外部环境，同时也改造人类自身，进而，人的创新能力也就不断得到发展。没有创新人格的人，就没有竞争力，就不能适应社会的竞争，也就不可能有较大的作为。不能培养创新型人才，就不能称为真正的生态教育。因此，开展生态教育最主要的目的就是为了培养更多具有创新能力的人才，这也是未来教育发展需要解决的问题。

（二）生态教育对教育发展的意义

生态教育与传统教育相比具有明显的优势，它是在“扬弃”传统教育的基础上，为适应社会发展的需要，为适应新时代人才培养需要而建立起来的一种崭新的教育。

1. 有利于以人为本的教育理念的发展

坚持以人为本的教育理念，首先需要重视人性化发展；其次要重视人性培养并且发展人格；最后是要不断提升人的品质。不过目前我国的教育还存在较强的功利性主义，在这样的环境之下，教育失去了自我和灵魂。由于生态教育是建立在人性的基础之上，人性论也是从关注人性出发，因此教育的本质就是要让人格更加健全，更加完善。对于生态教育而言，它的指向有两个方面，其一是有助于人的发展；其二是能够陶冶人性。这就要求生态教育的课程设置必须更加合理，一方面需要提高知识结构的合理性，参考学生的兴趣来设置相应的课程；另一方面是要注重学生的综合发展。鉴于此，生态教育要求教学方法要有所改变，对人和人性有足够的尊重，建立师生之间的平等关系，做到民主平等，通过沟通和交流来营造良好的学习氛围。除此之外，生态教育需要建立在以人为本的基础之上，强调教师给予学生更多的关爱，关心学生生活并且平等对待学生。因此，教师必须对学生有足够的了解并且关爱学生，这样才能够更好地培育学生。教师以一种理解和宽容的态度来处理好师生关系，建立相互之间的民主关系。实施生态教育要全面贯彻党的教育方针，全面实施素质教育，实现以人为本的教育理念。

2. 有利于生态教育的可持续发展

以生态的平衡视角考察生态教育的结构和功能，可以主动地调控教育外部和内部的失衡，促进生态教育的稳定和健康发展。通过这样的方式，我们能够更好地面对知识经济时代所带来的挑战，将科教兴国战略落到实处，将教育的多元化功能发挥出来。教育是实施科教兴国战略的重要前提，也是知识经济时代下的重要任务，教育的最终目的就是要不断为社会培养具有创新能力的人才。实施生态教育是培养综合人才的前提条件，未来需要不断改进教学模式，为学生提供良好的生态氛围，并且迎接大数据时代的召唤。

三、生态教育理念下高校体育教学模式改革

（一）生态教育理念下高校体育教学模式的改革应该遵循的原则

1. 整体性原则

高校体育教师是否拥有整体观念以及在思考和处理问题时能否采用整体观念对于维持高校体育教育的生态系统平衡有非常重要的作用。影响高校体育教育的效能和高校体育教育功能发挥的因素很多，比如高校体育教育生态系统的各种内部和外部因素以及各种人为原因都会引起高校体育教育的生态系统不平衡等问题。从生态教育方面创新和优化高校体育教学模式要坚持整体性原则，这要求高校体育教师在思考和处理问题的过程中，不仅要重视整体，而且也要关注局部。古语有“不谋全局者，不足谋一

域”，这其中蕴含的道理就是全局对各个组成部分起决定性作用。同时，也不能忽略局部对全局的影响，甚至在某些特定情况下局部也可能会对整体起决定性作用。因而，高校在制定方针政策、进行资源配置以及调整组织结构等举措时要考虑高校各个部门、各个领域的整体性，以使高校各项管理工作发挥更大的功效。使整体性原则贯彻于建立组织机构、制定相关制度、方案实施以及检查评估的全过程，创新优化高校体育教学模式，充分协调高校体育教学生态系统内部的各要素，确保高校体育教育生态化进程的稳步推进。

2. 动态性原则

动态性是事物发展的规律和特性之一，生态教育理念下的高校体育教学也具有这一特性，因而它的发展也需要遵循这一原则。作为一个具有动态性特征的系统，不仅受到生态教育系统内部因素本身的限制，还受其他相关系统的制约，而且这种影响并不是一成不变的，它会随主体、时间和地点的变化而发生变化，生态教育理念下的高校体育教育系统要保持开放状态，根据外界相关系统的变化不断调整前进的步伐。因此，高校体育教育在发展过程中，要遵循社会发展的规律，时刻关注高校体育教育发展的最新动态，掌握最前卫的信息，进而把握高校体育生态教育系统的发展趋势，及时发现自身问题并进行调整改善，以保证高校体育生态教育系统的有效运行，最终实现保持系统平衡的目的。

3. 系统性原则

所有的系统都是由很多要素组成的，高校体育生态教育系统也是一样的，它由许多要素组成，各个要素相互依赖且存在一定联系，从而使高校体育生态教育系统构成一个具有一定功能的综合整体。一个完整的系统既有内环境又有外环境，既有宏观因素又有微观因素，然而各个要素在系统内具有不同的作用，在它们的相互作用和相互影响下使系统发挥整体功效。因而，从生态教育理念下创新和优化高校体育教学模式时需要遵循系统性原则，用系统性观念看问题，在处理高校体育教学问题时要关注各个要素之间的联动性、相关性以及各要素在结构和层次上的连接与协调，以提升系统运行的整体效果。另外，还需要走出高校体育的生态教育系统，从系统外的大环境结合各种宏观因素把握高校体育生态教育系统内部的变化和发展，以实现系统内的和谐以及与系统外的整体和谐，使高校体育生态教育系统的功能得到最大限度的发挥。

4. 差异性原则

在高校体育生态教育系统内部，各个要素以及各个主体既是相互联系的整体又是各自独立的个体，且每个个体都有明显差异，它们在系统中有着自己独特的功能。将系统内部的这种差异性运用到高校的教学管理中，要求学校不仅要整体把握和协调各项工作，还必须要合理分配每项工作的要求和工作性质。在尊重个体差异的前提下，立足现状和实际需求区分事情的轻重缓急，这样才能确保学校整体工作有序开展、协同推进。一方面，高校体育教育的管理者不仅要从整体上把握师资队伍，而且要熟悉每一位教师的特点并尊重他们之间存在的差异，遵守扬长避短的原则并合理分配工作，使他们的才智得到最大限度的发挥；另一方面，高校体育教师在教学过程中要充分认识到学生个体之间的差异并尊重他们这种差异性，因材施教，以使每一个学生的专长和潜能得到最大程度的挖掘与开发，促进学生自由、全面地发展。高校体育教育的生态化发展不仅是一种迎合时代发展、满足社会进步需求的全新理念，而且是一种极具生命力的发展理念，因而，这种发展趋势必然是实现高效体育教育可持续发展的理性选择。

5. 现实性原则

高校体育生态教育体系建设的现实性原则体现在高校建设生态教育体系应因地制宜、结合自身的实际情况、具体问题具体分析。由于不同高校所处的地域差异和学校自身的生态环境的差异，高校生态教育体系建设应结合当地情况和学校自身情况开发一定的校本教材，有针对性地进行生态教育，高校处于不同的区域，地方政策和支持力度也会影响地方高校的发展，高校应考虑注重现实性和创新性相结合，从自身的实际情况出发，不断创新，形成自身的生态教育特色体系。

（二）生态教育理念下高校体育教学模式改革的环境分析

体育教学的生态环境是以体育为中心，是对体育教学的产生、存在和发展起制约和调控作用的多元环境体系。体育教学的生态环境大致分为三个层次：第一，以体育教学为中心，综合外部自然环境、社会环境和规范环境组成的单个或复合的生态教育系统；第二，以单个学校或某一教学层次为中心构成的，反映教学体系内部的相互关系；第三，以学生的个体发展为主线，研究外部环境包括自然、社会和精神因素组成的系统。

此外，在生态教育理念下还要考虑教育对象内在的生理和心理环境。把受教育的人既看作社会的人，又看作生物的人。从这一角度出发，生态教育理念指导下，不仅要求关注自然环境对人的影响，更要求关注社会环境和规范环境对人的作用。

高校体育生态教育环境是生态教育环境的组成部分，它是生态教育环境里所有和高校体育有关系的环境因素的总称。研究生态教育环境对高校体育教育的作用，可以通过分析生态教育环境中各因子以及它们与教育的关系和作用机制了解高校体育教育中的物质环境和精神环境是如何相互联系在一起的，这将有利于我们更全面、更扎实地研究和了解高校体育教育的发展规律。

1. 自然生态环境

高校体育教学的自然生态环境主要是指高校体育教学场馆和高校体育教学设施，它们是高校体育教学活动得以顺利展开的物质基础。近年来，虽然我国高校体育基础设施的建设有所发展，高校体育教学周围的自然环境也得到了一定改善，不过由于这些环境问题属于历史遗留的问题，要想改变这种情况也绝非一朝一夕就能完成的。事实上，目前我国高校体育教学的自然生态环境不容乐观，不管是在质量上还是数量上都难以满足体育教学的需求，加之近年来高校不断扩招，大学生数量的骤然增加使本来就薄弱的体育设施更是雪上加霜。另外，高校不断扩大办学规模致使建筑空间陷入更加紧张的境地，导致高校体育教学设施不仅得不到改善，反而时常出现被侵占的现象。这些都说明当前我国高校体育教学的自然环境存在严重问题，且环境保护意识太弱。

高校体育教学自然生态环境是人、体育和自然环境三者处于和谐共生的状态。高校体育教学不仅要把体育知识和技能传授给学生，更要让学生学会如何利用周边的资源提升健康水平。2008 年北京奥运会提出“绿色奥运”的理念，向我们展示了人、体育与自然环境的完美结合。高校体育教育是实现体育事业创新与发展的重要方法之一，高校应该通过体育教育培育或是增强大学生关爱自然的环保意识，共同努力改善高校自然生态环境。反过来，自然环境的改善也有利于高校体育教育的健康发展。只有通过各方面的努力，才能使人、体育和自然环境和谐共处，最终实现三者的可持续发展，达到生态平衡。

2. 社会生态环境

高校体育教学模式的社会生态环境主要包括高校体育教学的政治环境、经济环境和家庭环境。

高校体育教学生态系统的政治环境主要体现在执行体育教学制度方面：一是贯彻执行中央制定的相关政策，二是在对高校体育教学策略的实施。然而，很多实践研究表明，高校体育教学的生态平衡与高校管理者对高校体育的认识水平和重视程度有很大关系。如果高校管理者轻视体育教学生态系统，那么高校体育教学活动的开展就会变得很随意，高校体育的发展也会失衡；反之，如果高校管理者重视体育教学生态环境，这就为高校体育的经费、设备、设施等的充足和完善提供了物质保障，高校体育教学活动也能顺利开展，也为高校体育教学生态系统的平衡提供了制度保障。总之，在高校体育教学的政治环境里，高校管理者对体育的态度会在很大程度上影响高校体育教学生态系统的平衡。

高校体育教学生态系统的经济环境主要体现在体育教学设施经费的投入方面，它与高校体育的发展相互影响，一方面，高校体育能够培养满足社会需求的各种各样的人才，促进社会经济的发展；另一方面，经济环境的好坏会制约高校体育的发展。纵观全局，高校体育中的所有设施与制度都从属于国家发展计划，不管采取何种措施对高校体育教学模式进行创新与优化都是为了适应社会、满足社会经济发展的需求。

家庭环境不仅是社会环境中不可缺少的组成部分，也是高校体育教学模式创新和优化社会生态环境的根基。家庭对每个人身心发展的重要性是不可估量的，如果家庭环境能提供良好的体育氛围，家长能有意识地引导学生参与科学锻炼，不仅能达到增强体质、提高免疫力的健身效果，还能从小锻炼学生吃苦耐劳的精神，培养学生坚强的意志品质，有助于学生的全面发展。有很多著名的运动员之所以能取得成功，跟他们的家庭环境有密不可分的关系，比如著名篮球运动员姚明就是出自体育家庭，他的成功与家庭的遗传、熏陶、引导和支持都是密不可分的。因此，高校体育教育的生态平衡离不开学生家庭的支持。

3. 规范生态环境

高校体育教学的规范生态环境主要包括三个方面，分别是来自学校、教师和班级。一是社会规范和学校规范，其中最为典型的是课堂教学，它作为高校教育的缩影，不仅充分体现了社会要求，同时也是学生实现社会化过程的至关重要的途径；二是高校体育教师为确保课堂教学活动的顺利开展提出的对学生的规范性要求，一旦这些规范性要求融入课堂教学中就形成了课堂制度；三是对作为学生日常学习交流的班级进行内部管理而形成的规范性制度，也就是我们通常所说的班级管理制度。

（三）生态教育理念下高校体育教学模式改革的实践

近年来，伴随着承办大型体育赛事评价标准量化趋势的演进，各国政府和民间团体先后加大了对生态体育教学模式的探索。自 2008 北京奥运会的绿色奥运理念的推广获得良好的经济效益与社会效益之后，我国也加大了对绿色体育的投资和关注力度。学术界也加快了对生态体育教学模式的研究，指出生态体育课程的设置，要求学校体育场馆、体育设施要符合生态的标准；生态体育课程要淡化竞技性、提倡健身性和娱乐性；生态体育课程要打破以往的班级授课制，注重促进学生个性的发展；生态体育课程要注重开发人的潜力，要大胆开设定向越野、攀岩、野外生存课以挖掘学生的探索和创新精神；要探索中国传统文化中的生态教育理念，开设相关的生态体育课程；生态体育锻炼要重视人的健身精神与外界环境的相互协调，要通过自己的潜意识来调节人的心理平衡，要在人与自然环境相融合的状态下进行锻炼，形成一种宁静、自然、轻松和愉快的心境生态。结合国际社会发展生态体育的成功经验，联系中国体育制度和体育教育的现实状况，我们认为中国应该在以下几个方面搞好基础性的理论研究工作。

1. 生态教育理念下的快乐体育教学研究

快乐是人的本性，快乐的心境可以净化人的心灵、快乐的氛围可以提升人的汲取能力、快乐的体验可以陶冶人的情操、快乐的思考可以沉淀人的潜意识、快乐的话语可以提高人的社交水平。一直以来，在体育锻炼的竞技性与健身性越来越突出的影响下，体育锻炼的娱乐性、快乐性被忽略，高校体育教学课程内容，也更多的是以三大球、三小球以及各种操类运动项目为主，主要是以教授这些运动项目的技术动作为主要内容，影响了学生学习兴趣的激发。因此，生态教育理念下的快乐体育教学模式的构建，要明确快乐是体育活动生态化走向的基本理念，高校应该开设相关的快乐体育课程。唯有如此，才能够实现快乐体育教学模式的作用。

2. 生态教育理念下的休闲体育教学研究

休闲是一种娱乐，但休闲绝不是简单的休息。除却“采菊东篱下，悠然见南山”的消极避世思想不说，远离尘世的喧嚣、暂时净化混沌的心智不失为一种强身健体的绝妙方法。自古以来，道家就大力提倡“无为体育”，指出无为是一种心态，无为是一种生活方式，“无为而治”是治理国家的至高境界。联系当今我国高校体育教学改革现状不难发现，开设休闲体育课程，不仅有利于提升高校学生的身体素质，而且可以大大提高高校学生的学习效率。因此，在高校体育教学改革的背景下，增设休闲体育课程，也是“以人为本”“快乐体育”教学思想下的必然选择。高校还应该适应休闲文化的需要，大力开设一些休闲体育课程，要让休闲体育课程的学习内化为学生的学习意识。只有这样，高校生态体育课程的设置才不至于流于形式、化于无形。

3. 生态教育理念下的修心体育教学研究

参加过大型体育赛事的运动员都知道这样一个道理，即“成败只在一念之间”。事实上，体育活动的微妙之处就在于胜负的不确定性，这种成败的弹性在很大程度上与运动员的“心理素质”有关，也就是说“修心即体育”。联系中国传统文化中大力提倡静心修炼的事实，我们发现在高校开设适当的静心体育课程，不仅是必须的，而且是可能的。比如各种禅学体育课程、信念体育课程、瑜伽体育课程、佛家体育课程等。

4. 生态教育理念下的有氧体育教学研究

医学体育学认为，由于环境、条件、时间、空间等各种因素的制约，大多数现代人都会选择在城市里面、在室内、在体育馆内进行体育活动和锻炼。事实上，这是很不科学的体育锻炼方式。功能体育学认为，虽然室内运动也能锻炼身体、活动筋骨、舒缓生活工作带来的压力，但是运动的强度可能达不到我们的要求，而且由于很多高校体育场馆都存在着管理和设施的不完善，特别是许多室内场馆内通风系统不足，很容易导致空气污染。长期在室内场馆内运动反而对健康有害。据专家研究，一氧化碳比二氧化碳对红细胞有更大的亲和力，很容易进入红细胞，造成组织氧的功能减少，不仅如此，一氧化碳很容易跟细胞色素、氧化酶结合，从而直接抑制人的呼吸，所以人体对一氧化碳引起的缺氧特别敏感。基于此种认识，高校体育课程的开展，在运动场地的选择上，应该尽可能选择在生态环境比较好的区域进行体育活动和体育比赛。有氧体育是一种真正提高体力素质的活动，它贵在强化学生的肌肉美、力量美、健壮美和生物美，抛弃了冗余的手续和制度，回归到自然状态的“原生态”之美，从人种学的角度来看，有氧体育就是一种优化人种素质的生态体育新思维。在高校开设适当的有氧体育课，不仅可以激发学生的学习积极性，而且可以大大提高体育锻炼的效率，其意义不可小觑。笔者认为，可以把民间的高脚马、滚藤圈、跳房、捡平子、打三棋、打包、抽陀螺、挤油渣、摆手舞等原生态项目引进高校体育课程改革的选择项目之中，也可以把少数民族的大小摆手舞、毛占斯、牵羊肠等原生态体育项目引入课堂，以激发学生的学习兴趣。

第四章　多重理念下高校体育教学方法改革研究

第一节　高校体育教学方法的基本理论

一、体育教学方法的产生

体育教学是随着人类社会的产生、发展而产生和发展起来的。体育教学方法是人们在长期的体育教学规律认识的基础上不断地总结和归纳出来的，虽然体育教学方法随着时代的变迁会不断得到改善，但那些前人留下的教学经验和教法成果始终影响着现今体育教学方法的发展。

在历史的长河中，人们的一些日常活动方法就暗藏着一些体育教学方法的含义和作用。例如，外出踏青、爬山中会有类似速度、耐力和力量素质的练习方法；武术的演练中存在着类似武术教育的方法；在杂技和技巧训练中能表现出来类似体操和灵敏、柔韧素质的教育方法；在涉水的活动中存在着水上运动的教育方法。直到近代建立体育教学制度后，体育教学方法才逐渐作为一种独立的教学研究对象逐渐被广大体育教学工作者所重视。

由于受各种时代特征及社会发展需要的影响，体育教学内容在各种社会形态和历史背景下有明显的差异，这也成为体育教学方法发生实质性变迁的主要因素之一。

二、体育教学方法的构成要素

（一）目标

任何一种体育教学方法都力图对教师的教和学生的学产生最大的效果，它的产生和使用都有明确的目标或任务，它为一定的目标服务，否则就不能称之为真正意义上的方法。如为了展示动作技术的各个环节、方向、路线和步骤等，一般会采用示范和演示等方法。

（二）沟通介质

体育教学方法的实施是为了学生能更好、更快地掌握各种体育知识，教师是各种体育教学方法的管理者和执行者，它的效果最终是通过学生体现的。因此，体育教学方法也是教师与学生发生关系的介质。人与人之间的交流主要是用口头语言进行的，体育教学过程也如此。但体育教学方法除了直接使用话语外，还有大量肢体语言的运用。

（三）动作

体育教学是靠身体练习实现其目标的，所以体育教学方法也需要大量的身体运动作为其主旨的体现和效果的表现形式，这也是它的最显著特征。

（四）环境

任何一项运动技术的教与学都需要一定的环境支持，包括场地、器材、季节、气候等，离开了这些条件的保障，该项运动的技术动作就可能被改变，甚至是不复存在。

三、体育教学方法的特点

（一）以身体运动为基本特征

学生直接从事各种身体练习来进行体育学习是体育教学的主要特点，身体运动不仅是一个身心特点综合体现的过程，也是体育教学特有的手段和方式。体育教学过程是一个运动性认知过程，是通过身体练习将肢体运动与思维活动有机结合，掌握体育知识、技术，培养运动能力，形成正确的体育锻炼态度、情感、价值观，这也是体育教学方法与其他教育活动所采用措施的最本质的区别。

（二）效果的综合性

学生在从事各种身体练习时需要具有一定的体能水平，从外表上看这仅仅是一种肢体活动，实际上学生进行身体练习的过程是思维、情感、意志等活动的综合体现，在这个过程中不仅有对完成运动技术寻找方法和途径的行为，也会有相互之间的知识探讨和情感交流，这期间也使参与者获得思想道德、品质、审美能力的提升。所以，体育教学方法的实施也是体力与智力、情感、品德活动相结合、相统一的过程与结果。

（三）具有一定的运动负荷要求

各种形式的体育教学会对参与者形成一定的运动负荷，但是也只有经过适当的负荷刺激的锻炼，学生的体质和健康状况才能有所改善。学生在进行各种身体练习的过程中，机体各器官系统，尤其是运动系统、神经系统、呼吸系统、心血管系统等积极参与运动，学生的身体承受着一定生理和心理负荷。运动刺激的大小不仅影响学生学习和掌握体育知识技能的效果，而且对于学生的健康也具有非常直接的影响。

四、高校体育教学方法的基本特征

（一）针对性

对任何体育教学方法的选择和实施都有一个相对比较明确的目的，也可以说，不是某一种或几种方法就能解决所有体育教学过程中的问题。因此，对体育教学方法的筛选应针对不同的教学现象和预期的教学目标、任务，以及教学内容和师生特点，做到因时、因人、因地而异，这样才能保证体育教学方法能发挥其价值和作用。

（二）互动性

任何体育教学方法都与教师和学生存在密切关系，体育教学方法存在于师生共同活动中，各种教学方法中都包含着教师的教法和学生的学法。在体育教学实践过程中，任何一种教法都会有与之相对应的学法，两者相互呼应，不可分割。例如，当教师采用示范法演示动作方法、路线、方向时，学生则应该使用观察、记忆、想象等学习方法；当教师对动作原理进行讲解时，学生必须认真地听，仔细领会。

（三）系统性

随着人们对体育教学历程的研究，出现了许多不同用途、不同种类、不同性质的体育教学方法，但这些数量庞大、种类繁多的体育教学方法之间存在紧密的内在联系，它们相互促进、相互补充。没有哪一种方法能解决和适应所有体育教学现象和活动，也没有只能解决一个问题的方法，它们以相互弥补的形式发挥体育教学方法体系的整体作用，使体育教学方法体系的构建最优化，也使体育教学过程达到最优化。

（四）直观性和潜隐性

体育教学方法在表现和影响方式上可以分为直接性和隐藏性两种，两者有效地促进学生运动知识的完整学习。直接性的体育教学方法包括教法中的各种技术和手段等，它着重促进学生对知识的直观学习，如在体育教学中运用的动作示范法；采用录像、课件、视频、黑板、挂图等进行演示的方法；在体操教学中进行保护与帮助的方法等，以及使用各种器材的方法，它们都是直观、易学的，其影响效果能及时地表现出来。而在教学过程中如老师表现出的教学风格、教学艺术、教学特点等，如语言诱导的方法、幽默的方法、批评的方式、肢体语言的含义等，则是教师个人综合素质和内在心理的体现，是教师在长期的教学过程中逐渐沉积而成的，它代表的是该教师的教学个性和魅力，会对学生的学习动机、个性、品德、态度、情感、师生关系等非智力因素产生长期而潜在的影响，而这种影响的性质是具有不确定性的。

五、高校体育教学方法的发展趋势

（一）现代化与科技化

随着现今科学技术的发展及网络普及程度的提高，体育教学过程逐渐地借用各种电子媒介对体育教学方法进行改革和完善。从利用简单的影像设备观看有关运动的录像、课件的制作和使用开始，到多媒体技术的综合运用以及计算机远程教学和网络教学的实施，都体现了体育教学方法的科技化发展趋势，而这种趋势也必将随着社会现代化的进程，以及信息化建设的高速发展而不断扩大和加强。

（二）重视体育教学方法的心理效用

体育学习不仅是学生在肌体和运动行为、能力及水平等方面发生改变的过程，也是其学习动机、习惯、态度、品德、意识及个性等心理因素获得改善和提高的历程。体育教学方法具有较强的实践性和针对性，虽然有助于学生对运动知识和技术的掌握，但在其实施过程中不可避免地会对学生的心理产生积极或消极影响。现代体育教学比较强调学生终身体育能力的培养和形成，但这必须以学生的学习动机、态度及体育价值观、体育锻炼意识、习惯和意志力等心理因素的正确形成和培养为基础和核心。因此，在实施体育教学过程中，对体育教学方法的选择和使用必须考虑到它对学生的心理激励和功能发展因素，从根本上提高体育教学的作用和长期功效。

（三）凸显个性和特色

体育教学是直接作用于人体的教育活动，受教育者自身的条件和运动状况将会影响到体育教学的实施和发展。因此，在进行体育教学过程中，应当根据受教育者的个人特点采用相应的教学和学习方法，做到统一规划、区别对待，才能保证体育教学对所有人都有益。另外，由于各地、各校的实际状况不同，以及体育教师的教学特点和知识结构也不同，导致各地、各校、各体育教师对同一教学内容的认识和实施方法手段不一，这也明显地体现出他们各自的优势和特色。

（四）开展普遍适应性

传统的体育教学制度强调以教师为中心，具有很强的统一性，学生的个性发展受到很大程度地限制。由于受应试教育的影响，体育教学内容大多是教师制定，并且与考试内容有紧密的联系，甚至是以考试内容取代正常的教育内容，不顾学生的运动需要和兴趣发展。另外，体育教学也会给予具有运动特长的少数学生较多的关注，这些都将使大部分只具有一般运动水平的学生的健康受到影响。因此，在积极推进素质教育的过程中，体育教学要面向全体学生，全面发展他们的运动能力，这也要求体育教学方法要具有更广、更大的使用和适用空间、时间及对象，为每个学生的体育学习和日常锻炼服务。

（五）发挥学生主体性和独立性

在较长的时期里，我国体育教学主要是以教师为主体，而学生的主体性体现较差。体育教学不仅是将各种运动知识和技术、技能及方法传授给学生，关键是使学生能在自己的生活中有选择性地对其加以运用。因此，在现代的体育教学过程中，教师不应是主宰者，而应是主导者，学生应变被动为主动，积极发挥自己的主体作用，这就需要改变以往教师活动占主要地位的教育观念和方法，增加学生对教学活动的参与性，发挥他们独特而具有创新的思维能力，如“小群体”教学法、“发现式”教学法、合作学习法、目标教学法、主题教学法、分层教学法等，这将有利于激发学生的学习主动性和创造性，培养其自主学习能力。

第二节　素质教育理念下高校体育教学方法的改革

素质教育是以提高民族素质为根本宗旨的教育。它是依据《教育法》规定的国家教育方针，着眼于受教育者及社会长远发展的要求，以面向全体学生，全面提高学生的基本素质为根本宗旨，以注重培养受教育者的态度、能力，促进他们在德、智、体等方面生动活泼地发展为基本特征的教育。高等学校体育素质教育是素质教育不可分割的重要组成部分，它以全面提高学生的体育素质、增进身心健康、为社会培养合格人才为根本目的，以体育实践为主要手段，促进学生生动、活泼地发展。随着素质教育的全面实施、高校体育教学改革的不断深入，学校体育对传统的教学方法提出了新的要求。笔者认为只有从以下几个方面着手，才能真正做到从实践的教学本性出发，以学生为中心，也只有这样，才能更好地完成素质教育下高校体育教学的目标，更好地推进高校体育教学方法的改革。

一、高校体育教学观念的更新

体育教学方法是为实现教学目标和提高教学质量服务的。体育教学方法与其他学科教学方法最大的区别就是体育教学方法是从竞技体育训练方法演变过来的，是一种带有“训练”为主而不是以教育为主要目标的过程。传统的体育教学方法是以运动技能的形成为中心，以运动技能学习指导为主要内容，研究体育教学内容的教学方法；以教材、教师、课堂为中心；以教师为主导、重视教法的单向传递；强调健身功能；统一技术动作规格与标准；教学方法和形式单一枯燥。现代体育教学方法强调人的发展和社会的效应；课堂、社会、生活有机地结合；以教师为主导、学生为主体、教法与学法双向传递；强调学生的创造性、自学和自练能力；社会生活与个体需求相结合、健身与健心相互协调统　，重视学生的个体差异和个性的全面发展；教学方法和形式多样。现代教学方法弥补了传统教学中忽视学生的主体性、忽视学生的个体差异、忽视对知识的理解、忽视与社会的协调等弊端。

第三次全国教育工作会议上明确指出：高校教学方法改革要以启发式和讨论式为主，这从宏观上给高校体育教学方法改革阐明了理论依据。观念是行动的灵魂，教学观念对教学起着指导作用，更新教学观念是高校体育教学方法改革的首要任务。高校体育教育工作者要把教学观念统一到素质教育要求上来，不断推进体育教学方法的改革。

二、进一步明确高校体育教学目标

体育教学是一个动态的系统，它由多种要素组成，包括体育教学方法。体育教学的各项活动都要紧紧地围绕教学目标来进行，体育教学过程中的各个因素都是为体育教学目标服务的。现如今，我国高校体育教学目标，尤其是大学一年级体育教学目标很多都应该是在中学阶段完成的。其原因主要是由于中学阶段追求升学率，学校体育受到排挤，使得中学体育教学大纲里的很多内容不能完全实施。新时期高校体育的教学目标应该是通过体育选修课、俱乐部、讲座、协会等各种形式来满足大学生健身、健心、娱乐、竞技的不同需求，进一步提高大学生的综合体育素质。而不应该只是打基础，掌握体育方法。高校体育应该向生活体育、娱乐体育、愉快体育、文化性体育等方面发展。除了培养大学生掌握一些常用的、可以作为终身学习的技能之外，还要使他们学会欣赏体育，培养对一些体育的社会问题和价值观进行正确判断的态度。改革高校体育教学方法就要最大限度地调动起学生学练的积极性，引导学生通过最佳学练途径实现体育教学目标。

三、教学内容改革与教学方法改革要同步进行

辩证法认为，事物的内容决定事物的形式，内容是第一性的，内容通过形式来表现。体育教学方法的选择应该根据体育教学内容本身的特殊性来确定。当前，在很多高校体育课堂上，体育教师表现在教学方法上的单一性、简单化、形式化，有很大一方面是因为教学指导思想陈旧、教学内容多、学生人数多、教学学时数少、场地器材不足等因素造成的。从目前高校体育课程的内容来看，智力因素的内容过多，而非智力因素的内容偏少，致使教学中只重视智力开发，而忽视非智力因素的培养，这是造成所培养的人才难以适应社会需要的一个主要原因。

体育教学内容将从“以运动技术为中心”向“以体育方法、体育动机、体育活动、体育经验为中心”转移，但这并不意味着对运动技术教学的否定，而只是要相对淡化课堂中的技术教学。不过，具体的教学内容将根据社会体育发展学生个体的需求以及学校的教学条件等进行调整。非竞技运动项目、娱乐体育项目及个人运动项目的内容比重将加大。内容的广度将拓宽，包括理论、技战术、保健、身体素质等方面，呈现出多样化的趋势。内容的深度强调可接受性，突出健身性、娱乐性、终身性、实用性，吸引学生主动地参加体育学习和锻炼。体育教学内容的改变也就必然

会带来教学组织形式和教学方法的改进。

四、综合性的选择教学方法

过去我们在选择教学方法时，很少考虑到学生思维力、创造力的培养，更多考虑的是运动技术教学目标的实现。现在高校要强调多种教学方法的有机结合和现代化教学手段的运用。比如在体育课堂上采用多媒体技术进行教学，图文并茂、声像俱佳、动静皆宜的表现形式会加强学生对抽象事物与过程的理解和感受，从而将课堂教学引入全新的境界，达到事半功倍的效果。多媒体教学软件在体育课中的适时应用，不但使学生学到了体育知识，加深了对所学动作技术的理解、记忆和掌握，而且培养了他们主动思考、观察的学习能力，提高了体育课的教学效率。另外，素质教育的突出特点就是学生的主体性问题，它更看重学生的个体差异性，因此因材施教就尤为重要。要因材施教就必须采用小班教学，教学条件不允许可以采用分组教学，组的划分可以考虑到学生不同的体育水平，让学生确定不同的目标，采用不同的方法，提出不同的要求。

五、更新体育教学评价方法

考试方法的改革是教学内容和方法改革的先导。传统的高校体育教学仅局限于对学生进行运动技术的传授和身体素质的提高，而忽略了对于体育的本质功能及发展规律的理论知识、运动原理、现代体育科学的发展及终身体育意识等方面的教育。高校体育考试基本上运用以“划一性”的考技术、考达标为主的考试方法，师生要花费大量的时间和精力去完成本非教学内容的“达标”等测试工作。这种考试方法较少考虑学生个体的原有水平、经过学习后成绩提高的幅度及个体差异，学生体育学习的情感目标与自身进步情况被置于标准之外，考试有失公平性，也不利于培养学生的体育能力，并且始终不能有效地解决学习的差异性和积极性问题。现代体育教学评价应该是一种以提高学生体育能力为中心，以考“结果”和考“过程”相结合的综合性整体考试评价方法。它既考虑学生原有的体育基础，又注意到经过实践后学生体育水平提高的幅度，同时还注重个体差异，把技术考查与学习锻炼方法、健身养护知识和该项目未来发展趋势结合起来。这样的考核方法，对参与学习的主体提出了全方位的要求，同时也对教师的教学能力提出了更高的要求。

体育考试既是检验学生的学习成果，也是提高他们体育素质的重要手段。同时，学生既可掌握体育理论及相关知识，更能发展自身的体育能力，完善体育综合素质，树立健康第一、终身体育的理念，使体育教学走到素质教育的轨道上来。

六、建设高素质的体育师资队伍

未来高校体育事业发展的成败，最终取决于教师的素质。建立一支高素质的体育教师队伍是高校体育素质教育的根本保证。由于历史的原因，目前我国高校体育师资队伍的整体素质与素质教育的要求还不相适应。提高教师队伍的整体素质，一方面要依靠体育院校培养和输送高素质的毕业生补充高校体育教师队伍；另一方面则应重点立足对在岗教师的培养，加强对在岗教师的培训，通过培训使其掌握必要的教学理论和教学技能，使教师从“技术型”向“复合素质型”转变，从而推动素质教育的顺利进行。

第三节　人本主义理念下高校体育教学方法的改革

高校体育教学方法的改革是高校体育教育教学得以不断深化和具体化的根本，是培养大学生创新精神、创新意识和创新能力的有效途径。而高校体育教学方法改革的关键在于是否有正确的思维理念作为指导，而当代人本主义教育思潮是以人本主义为其方法论基础和价值标准，强调对人的关注和尊重的一种教育理念，以这种教育理念为指导，研究和探讨当前高校体育教学方法的改革具有重大的现实意义。

一、人本主义的核心内涵及特性

人本主义起源于20世纪60年代，最早源于古希腊的人文主义教育精神。在古希腊，人们将这种教育称之为“Liberal education”，意即“文科教育”，人本主义把人当成世界的本体，当成一切存在的本原。人本主义认为人的发展是无意识的本能冲动、自我体验和自我扩张。这种理念对教育和教学产生了重大影响，表现在人本主义非常重视人文学科教育，强调人的发展和健全人格的培养，即强调情感和意志的发展和培养，重视人性的培养，主张教学内容、教学方法和教学组织形式均应个性化，反对传统教育机械化，核心就是主张发展个性，就是对人的关注，对人之所以为人的思索，以及对人的尊重。这种主题如果概括为一种精神，就是人文精神。人本主义具有三个方面的特性：首先是人本主义强调以人为本，强调人在万事万物中的主体地位；其次是人本主义强调个人的自由与尊严，主张每个人都有权利追求自己的幸福生活，都有自己的尊严与价值，每个人都有独特的生命价值，反对人身依附，倡导人格平等和相互尊重；最后，人本主义特别注重人的精神文化品格，认为只有人的精神文化品格更合乎人性，更能体现人之所以为人。这种精神文化品格就是人的社会、精神和文化属性，而不是生理属性，而这种人文精神其实就是当代西方人本主义教育思潮的核心思想。因此，人本主义教育家认为教育要以人为中心，人的本质在于自我实现，有不断向上的巨大潜能，教育以激发这种潜能为终极目标。

二、当代人本主义教育思潮及其教育观的科学阐释

当代人本主义教育思潮是20世纪60年代以后盛行于西方特别是美国的一种教育思潮。人本主义教育思想希望把人从非人的、被客体化的境遇中拉解出来，恢复人在世界中的本体地位，使教育由适应社会的需要而复归到塑造人的精神与道德上去，以使人摆脱社会的束缚，以人的完善达到社会完善之目的。当代人本主义教育思潮的典型教育观主要表现在三个方面。首先，当代人本主义教育思潮主张追求个人需要的教育价值趋向。人是有着不同层次需要的生命个体，而这些不同需要的满足构成了人的行为动机。人的需要可以分为生理、安全、归属和爱、尊重以及自我实现五个层次。而只有自我实现的人才能成为自由的人，并在社会中发挥作用。所以说，自我需要的满足与实现是人本主义所追求的教育价值所在。其次，当代人本主义思潮认为教育的目的是人的自我实现。教育目的是教育价值的具体化和现实化，认为“人首先存在、露面、出场，后来才说明自身，”因而，“存在先于本质”，发现自我的存在是最重要的。最后，当代人本主义教育思潮认为教学是一个自由与自主的创造过程。人的自主性源于人的主观性，表现为选择与行动，并自由地承担责任。运用到教育上，则强调教育要培养学生的自我意识，发展他们的自我认识，使之学会选择，并自由地承担责任。

三、当代人本主义教育思潮下高校体育教学方法的改革

（一）高校体育教学方法改革的重要性

在高校体育改革中，通过改革体育教学方法以加强学生获取知识的能力和对学生创新精神的培养，是深化高校体育教学改革的重要内容，对提高办学效益，保证高校体育教学质量的提高，具有重要的现实意义。从目

前来看，高校传统的体育教学方法是以传授知识、技术、技能为主，以教师、书本为中心，忽视了学生在学习过程中的主体作用。可见以往那些传统的灌输式的教学方法，对于以上这些目标的实现是很难起到应有作用的。如果不能彻底改变这种陈旧的教学方法，培养的学生很难适应社会高速发展的需要。因此，从宏观的角度去审视高校的体育教学，教学方法改革的目的在于适应时代发展的潮流，顺应时代发展的需要。因此也只有以当代人本主义教育思潮为指导，通过高校体育教学方法改革才能培养出有知识、有能力的、全面发展的、社会认可程度高的、对社会有用的人才。

（二）高校体育教学方法改革的重点

当代人本主义教育思潮下，高校体育教学方法改革的重点是以人为本地发展个性、训练学生的科学思维能力、培养学生独立分析问题与解决问题的能力，充分调动学生上课的积极性和主动性，充分发展学生的个性。高校体育教学的本质应建立在对人、对事、对环境整体变迁的认识和适应上。高校体育教学方法改革的最终目的也是启发学生在学习知识的基础上，增强运用知识的能力。无论环境如何变化，都能捕捉到有用的信息，高校学生要创造性地运用所学知识为社会发展服务。但是值得注意的是，对高校体育教学手段的改革不能等同于教学方法的改革。教学手段仅仅是指为提高教学效果、传递教学信息而采用的一切器具和设备。先进电化教学设备的使用，多媒体教学走进课堂，是教学手段的改革，它促进了学生对学习内容的理解，扩大了学生的知识容量，有助于学生更好地掌握和巩固知识。而高校体育教学方法的改革与教学手段的改革既有联系又有区别，不能简单地以教学手段的改革代替教学方法的改革。教学手段的改革只可以被看成是教学方法改革的一部分。

（三）高校体育教学方法的改革设想

首先，高校体育教学方法的改革要以转变教学观念为先导。当代人本主义教育思潮下要求高校体育教学必须牢固树立素质教育的质量观，从转变观念入手，以培养学生的创新精神和实践能力为重点，摒弃机械重复、单调的教学方式，代之以充满情趣的创造性学习，并把它作为开发和创造潜能的重要课程。高校体育教学方法的改革应从学生发展和素质教育着手，根据学生的实际情况，合理地将教学内容进行重组与充实。教学方法应力求符合学生的特点，遵循大学生身心发展规律、兴趣爱好及个性发展的需要，为学生提供较大的选择空间，给学生自主选择的权利。另外，在制定体育教学目标时，应着眼于未来人才培养的需要，教学目标的制定既要具有短期实效性，又要考虑长远的效能，充分认识教学目标的多向性，注重学生的个性培养与发展，加强教学方法的创新，调动教师的主观能动性并创造良好的教学氛围。

其次，高校体育教学方法的改革要以教师素质为前提。教师素质不提高，就无法改革。高校体育思想、内容、方法的贯彻最终都要通过体育教师来实施，因此，提高教师的自身素质，是实施体育教学改革的根本保证。而作为高校体育教师，绝对不能因循守旧，要在自己的领域内独立地进行创造，善于吸收新的知识，用自己的生命和才智在教育改革中不断创新和发展。另外，可以积极鼓励教师对教学方法的创新性改革，依据学生的生理、心理、体能、体质和体育基础，实行动态式教学等多种教学方法和组织形式以及不同的考核标准，满足不同层次学生的心理、生理需求，激发学生对体育学习的兴趣，达到不断提高教学质量的目的。

再次，高校体育教学方法的改革必须以课堂改革为重点。一方面，改革高校体育教学模式。当前高校教学改革的主要目标之一是要改变传统的教学模式，建构一种既能发挥教师的主导作用又能充分体现学生认知主体作用的新型高等学校体育教学模式。在这种新的教学模式下，教师是教学活动的指导者和组织者，学生是知识的主动发现者和探究者，教学过程以学生的意义构建为核心，通过建立教学情境，师生之间、学生之间的讨论、协作，与理论紧密结合的实践，使学生达到发现知识、理解知识的目的，并通过意义构建形成自己的知识结构。努力实现学生从被动学习到主动学习，从生理改造到终身体育意识的培养，从能够学习到学习水平的提高。另外一方面，切实改革高校体育教学方法。随着现代科学技术的发展，单一的体育课堂教学格局已经不能适应当前高校体育教学的实际需求，并必然会被现代的教学技术所取代。采用现代化的教学手段能使教学内容由平面到立体，由静止到运动，由文字到声音图像，将极大地增加课堂教学的主动性和趣味性，极大地调动学生的学习热情。同时不但可以培养学生主动获取知识、运用知识和处理知识的能力，而且也可以创造超时空的课堂，给课堂教学带来突破性的变革。

最后，高校体育教学方法必须积极改革对教学结果的评价方式，并且努力构建合作意识、指导学生自主学习。一方面，高校传统的体育教学结果评价强调用统一的考试与测评来衡量学生，这是成绩面前人人平等的传统教育观念，把被评对象置于一个共同的标准，这是非常不科学的。因此在高校体育教学实践中不仅应由体育教师对学生进行体育学习评价，还应让学生参与到评价中来。让学生参与到评价中是为了培养正确认识和评价自己与他人的能力，并为教师提供评价的依据，以便于对学生的体育学习进行全面的评价。同时，很多实践证明对体育学习结果评价就是体育学习中的一个关键环节，它能激励学生更好地学习、促进每一位学生健康地发展，如果能给学生创造评价的时机，让学生通过自评、互评、小组评等各种方式激励他们主动学习，这样不但能活跃体育课堂，又能有效地促进学生的健康发展。另一方面，高校体育教师对教材的选择、创编必须要达到一定的目标，同时还要注意在教学内容的选择上体现时代特点，要在继承和发展传统的基础上吸收现代文化、融入本校特色，加强学习内容的创编和拓展。在教学过程中充分发挥师生双方的主动性、创造性；在教学中努力体现体育的生活实践活动性、综合性、趣味性；重视对学生情感、态度、价值观的正确导向，并且努力倡导学生自主、合作、探究的学习方式，让学生在感兴趣的自主活动中全面提高体育综合素质。

第四节　创新教育理念下高校体育教学方法的改革

一、创新教育理念的内涵与构成

（一）创新教育理念的内涵

创新教育，特别是面向基础教育的创新教育，是以培养学生的创新精神和创新能力为基本的价值取向，以发掘人的创新潜能、弘扬人的主体精神、促进人的个性全面发展为宗旨的教育，是素质教育的一个重要组成部分。

创新教育是培养高素质、创造型人才的重要途径，也是深化教育改革的具体举措。创新教育理念强调教育理念的创新性，是从提高创新素质、塑造创新人格、培养创新人才出发，对教育本质特征和基本规律的理性认识与判断，是对自己的教育理念的突破和创造，显现出根本性、简洁性、指导性、时代性以及系统性等鲜明特征。

创新教育不仅涉及教育的目标问题、方法的改革和内容的调整，而且要系统地对教育进行改革，即进行教育创新，培养学生的创新素质。创新教育与传统教育有着本质的区别，见表 4-1。

表 4-1 创新教育与传统教育的对比表

	传统教育	创新教育
培养目标	培养和解决精确领域问题的人才，即“知识生产者”	培养和解决模糊领域问题的人才，即“生产知识者”
强调重点	模仿和继承，对当下社会的适应力	变动和发展，注重对未来社会的应变力
教学要求	低标准的全面平推	高标准地单项突破
获取知识	着重储存、积累信息的能力	着重提取、加工信息的能力
学习态度	被动接受的态度	积极主动的态度
学习思维	集中思维	扩散思维
教学形式	提供结论性的东西，结论性教学给学生现成的、唯一的标准答案	学习的思维过程，过程性教学提倡探索的设想方案并进行选择和决策

（二）创新教育理念的核心构成

创新教育作为一种教育理念，其实质在于培养人的创新素质，包含创新意识与创新精神、创新思维与创新人格、创新能力与实践能力三个维度。创新教育的核心是培养创新意识和锻炼创新能力，培养创新意识是基础，锻炼创造能力是提高。创新教育的核心结构如图 4-1 所示。

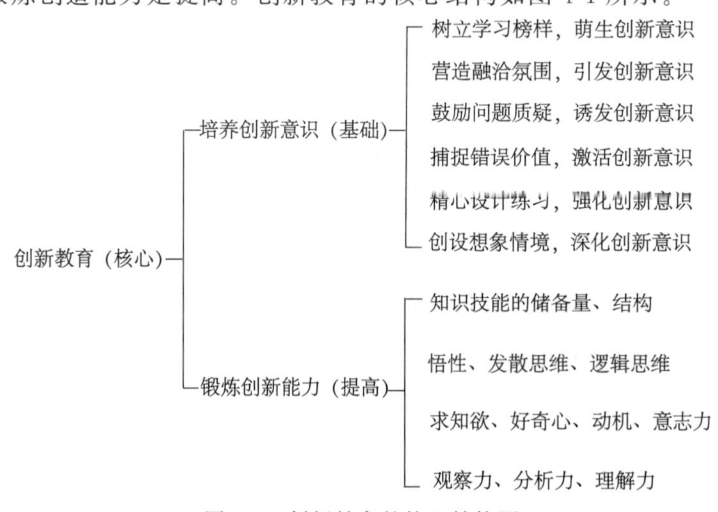

图 4-1 创新教育的核心结构图

创新意识是创新活动的内部心理倾向，表现为好奇心、求知欲、怀疑感、创新需求、思维的独立性等方面，是创新心理素质形成的前提。它包含创新思维、创新个性、批判思维、求异思维、好奇和兴趣、独立与独创、自觉与果断、自制与毅力、自信与自尊、怀疑与求真等。培养创新敏感度，创造创新张力，是养成创新意识的重要一环。

创新能力是创新活动中所达到的能力水平，表现为创造性的观察能力、思维能力和实践能力。具体表现为知识储备量、知识结构；悟性思维、逻辑思维；好奇心、求知欲、动机、意识、意志；注意力、观察力、分析力等几个方面。受学习压力、抑郁、适应能力的影响较大。创新意识是形成创新能力的前提，可支配和强化创新能力；创新能力反过来又能增强创新意识。

总之，培养学生的创新意识、锻炼创新能力仅停留在这些教学活动中是不够的，它是一个没有终点的课题，是一个长期复杂的系统工程。只有与时俱进，时刻留意，从每节课做起，师生共同参与、共同探究，才能“开创新花，结创新果，繁殖创造之森林”。

二、如何创新体育教学方法

（一）从教学要素整体着手对体育教学方法进行编排创新

教师需要依靠一系列方法来运用课程教材带领学生学习，从而达成教学的目的。因此教学方法是教学活动中的一个重要因素。体育教学方法包括教师在课内和课外所使用的各种教学方法、教学艺术、教学于段和各种教学组织形式，它们是具体的、潜移默化的。

运用哪种体育教学方法会受到课程内容的制约，教学方法的两端连接着教师与学生，教师运用的教学方法，只有通过学生才能达到教学目的或教学效果。体育教学方法与效果的关系如图 4-2 所示。

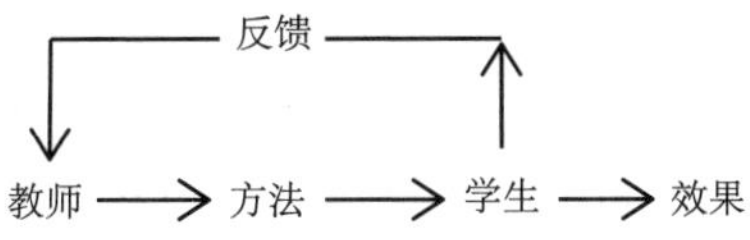

图 4-2　体育教学方法与效果关系图

一般通过学生的反映来评价体育教学的效果，而方法只有作用于学生后才能产生效果。教学方法两端连接的主体是教师和学生。影响教学效果的因素包括教师的传授水平、方法的执行情况，还包括学生的内化、吸收、创新情况。也就说，教学方法两端的主体是决定教学方法实施效果的核心，二者之间是否能够配合协调也关系到是否能达到良好的教学效果。

教学方法的编排连接着教师和学生，教师的教学素质、水平、教学艺术、创新意识等对于教学方法的选择和运用都有影响，对于教学方法的改编和创新更是有较大的影响；同样，学生的身体素质基础、训练接受水平、技能掌握规律对教学方法实施的效果影响更大。所以，教师除了要提高自身的教学水平，还要对学生的接受水平和内化程度的情况进行了解和掌握，两者通力合作才能做到“教学相长”，共同完成教学方法的创新和教学效果的提高。

（二）从实际情况入手，对体育教学方法进行扩展与改进

体育教学方法的种类和形式非常多，因此必须从实际的教学条件出发，选择合适的体育教学方法加以利用。在选择体育教学方法时，必须要考虑到以下因素：场地的充裕程度、器材的配备、实施体育课的条件等。

由于城乡地域、经济条件等的差异，造成所有高校的设备不可能都是一样的，也不可能都满足体育教学的所需。在教学资源设备不足的情况下，需要对体育教学方法进行扩展与改进，使之更适合体育教学。当然，对体育教学方法进行扩展和改进只是手段，最根本的目的还是满足体育课教学的需要，切实提高学生的健康体质，培养学生的创新意识和锻炼学生的创新能力。

扩展体育教学方法就是将某种教学方法的功能和应用范围扩大，主要体现在教学的组织形式方面。如教学分组，在以前的常规教学中一般按人数进行分组，但随着教学方法的不断改进，越来越多的体育教师认识到教学还有很多丰富的组织形式，于是对分组的方法进行了扩展，出现了按兴趣分组、按伙伴朋友关系分组、按基础和水平分组、按性格分组等分组形式。

改进体育教学方法就是教师以原有教学方法为基础，经过总结教学经验，进而改进不足或导出新的教学方法。改进法在体育教学实践中经常被用到，对组织形式的改进，对教学手段或工具的改良等。

（三）从教学效果出发，对体育教学方法进行优选与组合

体育课是按照完整的教学程序进行授课，教学过程具有完整性和独立性。在整个体育教学过程中，体育教学方法只是其中的一个要素，但它也

是完成教学目标与任务最直接的途径和方式，体育教学要取得良好的效果需要各个要素之间通力协作，教学效果突出的是过程与结果的关联。从教学效果考虑，合理选择、优化体育教学方法，利用系统论的理念，将“教”与“学”看成“动态系统”，将目标—方法—效果融于教学环境之中。这就要求体育教学方法在实施过程中要照顾全局，既要考虑教学目标、任务的完成，又要考虑教学效果，强调学习的内在过程，创造好的教学环境，充分调动学生的主观能动性。注重方法的组合与联合使用，追求方法的“合力”效果和功效，尤其是在教学方法设计时更要全盘考虑、拓宽视野、把握全局，真正做到教学方法的“一体化”效果。

优化组合是要将各个方法的功效叠加起来，发挥整体的功效，以达到更好实现目标的效果。组合本身就是对教学方法的创新，如把讲解法和示范法合起来，边讲解边示范，还可用讲解法进行启发；把分解法和完整法混合使用（跳高教学中，先分解传授起跳及过杆动作，再完整加上助跑和落地动作，最后对细节动作分解教学）。改造主要是针对实施手段、工具的加工和改编，一些传统的手段经过加工和改造，既不影响实现目标的功能，又能引起学生的好奇心、激发学生的求知欲。如用图片或录像把典型的动作播放出来，让学生观看，既形象又逼真，免去了教师纠错和讲解的过程，还可以让学生自己发现问题，并寻求解决问题的办法，起到启发学生主动探究的作用。

（四）从学生未来发展考虑，对体育教学方法进行统整筛选

体育课对学生未来发展的作用至关重要。体育是一个特殊的学科，再加上运动项目繁多，不但会对学生的躯体和心理健康产生影响，而且对学生人生观、价值观的形成也有影响。体育教学方法形式多样（有单个的，也有组合的，有为解决短期目标的，也有考虑长期发展目标的），从促进学生未来发展的角度考虑，对体育教学方法进行统整筛选，尤其对一些多种手段组合的教学法（如探究性教学法、合作性教学法、自主学习法等）要进行筛选和统整，一方面这些教学方法对学生未来的发展非常重要，要加强运用；另一方面在使用这些教学方法时不能过于随意，不能过度使用。教学方法是实现教学目标的途径，目标可能是单一的，但途径是多种多样的，多种多样的途径总有最省力、最直接的，这就是统整筛选的作用，体育教师若没有对教学方法进行筛选，实现目标就容易走弯路，教学效率就低，不能达到很好的教学效果。

三、翻转课堂的体育教学方法

（一）什么是翻转课堂

翻转课堂也叫颠倒课堂、课堂翻转、翻转学习等。国外以萨尔曼·可汗对翻转课堂的解释最具代表性。国内学者对于翻转课堂内涵的解读主要聚焦于宏观与微观两个层面。微观层面的解释突出对翻转课堂实施流程的描述，明确具体，但不符合概念界定的规范；宏观解释主要突出翻转课堂的功能和作用，概括性较强，但大多并未解释清楚翻转课堂的本质（表 4-2）。

表 4-2　国内学者对翻转课堂内涵的认识

类型	特点	代表性解释
微观方面	突出对翻转课堂实施流程的描述，明确具体，但不符合概念界定规范。	1. 翻转课堂是教师创建视频，学生在家中或课外观看视频中教师的讲解，回到课堂上师生面对面交流和完成作业的一种教学形态。 2. “翻转课堂”又称“反转课堂”“颠倒的课堂”，是教师根据教学目标和教学内容及学情，制作成教学视频，学生在课外或家庭中进行自学和练习内化，课堂上师生进行交流碰撞的一种教学形态。 3. 翻转课堂就是在信息化环境中，课程教师提供以教学微视频为主要形式的学习资源，学生在课外时间完成对教学视频等学习资源的自主学习，而师生在课堂时间则是面对面一起解答疑惑、开展协作探究和互动交流等活动的一种教学模式。
宏观方面	突出翻转课堂的功能和作用，但有以偏概全之嫌，并未解释清楚翻转课堂的本质。	翻转课堂是指通过互联网技术，通过实际教学和网络教学相结合的方式，开展的新型开放式教学课程的改革活动，翻转课堂即通过对知识传授和知识内化过程的颠倒，从而改变传统教学中的师生角色并对课堂时间的使用进行重新规划的一种新的教学模式，也被称为课堂翻转。

综合前人的研究成果，结合自身对翻转课堂的认识，可将翻转课堂界定为：以能力培养为目标，以信息化网络平台和实际课堂为中介，以分组学习为基础，注重课前知识、技能学习，课中、课后知识与技能内化和应用的个性化教学范式。以能力培养为目标，实现了教育教学与我国当前人才培养要求之间的契合；以信息化网络平台和实际课堂为中介，体现了信息化教育技术在翻转课堂中的重要性，同时也说明了翻转课堂的实施离不开实际课堂；以分组学习为基础，体现了翻转课堂注重协作学习的特点；注重课前自主学习，课中、课后知识与技能的内化与

应用，既指明了翻转课堂的课堂结构和实施步骤，又体现了翻转课堂对认知规律的遵循；以个性化教学为范式，体现了翻转课堂对学生个体差异性的充分尊重。

（二）翻转课堂引入高校体育教学的必要性

翻转课堂在高校体育教学中应用的必要性，主要可以概括总结为如下两个方面。

1. 翻转课堂在高校体育教学中的应用是我国高校体育教学变革的必然需求

随着近些年信息技术和网络技术的飞速发展，信息化社会已经逐渐形成，“互联网＋”逐渐渗入各行各业之中，这一点对高校体育教育领域而言同样也不例外。随着信息化时代的到来，与高校体育相关的在线教学资源变得空前丰富，而与此相对应的，高校体育的教学平台不再仅仅局限于传统的课堂教学本身，高校体育教学的内容也不再仅仅局限于传统的教学大纲和固定教材。不但任课教师可以利用网络和信息工具组织获取自己所需要的教学内容，可以利用网络平台来开展教学活动；同时学生也可以利用网络和信息工具自行学习自己感兴趣的内容或者是利用网络教学资源来开展个性化的自学活动。这些变化使得高校体育教学开始逐渐呈现出智能化、开放化和个性化等特征。在这样的背景下，传统高校体育教学中以任课教师讲解示范，学生模仿练习为主单一的教学模式和教学方法已经无法满足教学需求。因此，针对这种情况，在“互联网＋”时代已经逐渐渗入高校体育教学领域之中，且各种以互联网为平台的新型教学模式不断出现，为了确保高校体育教学的质量和成效，实现多位一体的人性化、个性化课堂，高校体育教学的教学模式无疑也需要随着社会的发展和时代的进步而进行适应性的改革，其中翻转课堂在高校体育教学中的应用无疑就是这种适应性改革的一项具体措施。所以说，翻转课堂在高校体育教学中的应用是我国高校体育教学变革的必然需求，也是我国高校体育教学改革为了适应时代发展的一项重要举措。

2. 翻转课堂在高校体育教学中的应用是突破我国高校体育教学现实困境的有益尝试和必然选择

高校学生来自全国各地，不同地域、不同民族、不同家庭背景、不同生活和教育条件等均使得学生之间的个体差异成为一个客观存在的事实。而如何针对学生之间的个体差异性，开展具有针对性的、个性化的有效体育教学也成为高校体育教育教学领域的一个重要课题。虽然说，针对这一课题近些年我国高校体育教育教学领域也逐渐提出分层教学、差异性教学等一系列的教学方法和教学理念，但是，实际上纵观现阶段我国高校体育教学的实际情况就可以发现，在普遍以班级授课制为主要形式的基本前提下，真正尊重学生的个体差异，并根据学生之间的个体差异性开展个性化教学却困难重重，以至于很多关于个性化教学的理论和方法并没有真正在高校体育教学实践中得到切实的实施。而翻转课堂，作为信息化背景下出现的一种新型的个性化教学模式，学生不但在课前可以利用教学视频或者多媒体课件自行决定学习的时间、学习的地点、学习的速度以及学习的进度等，而且还可以在课前自学的基础上就自己课前学习中的疑问与不解进行互动交流，并在课后根据自己的学习情况进行有针对性的反思与改进。由此可知，翻转课堂无疑是实现个性化教学的一种有效方式，其在高校体育教学中的应用，充分体现了对学生个体差异的尊重，是突破我国高校体育教学现实困境的有益尝试和必然选择。

（三）翻转课堂在高校体育教学中应用的可行性

1. 翻转课堂与高校体育教学的技术原理相契合

任何一种教学模式要想在某一学科的教学中得到应用和推广，首先最为基本，同时也是最为关键的一点，就是这种教学模式要符合这一学科的教学原理，能够为此学科教学任务的完成提供助益。而根据巴甫洛夫以条件反射为基础的运动技术形成原理可知，人类运动技能的形成过程需要经过以下三个主要阶段：认知与模仿、改进与提高、熟练与自动化。而将翻转课堂应用于高校体育教学中时，学生利用教学视频或者是多媒体课件在课前所开展的自学活动和先期练习无疑就是认知与模仿的阶段，学生在课堂上就自己的课前学习情况进行互动交流，教师有针对性地进行指导和纠错就是改进与提高的阶段，而在此之后所开展的多样化练习和学习成果展示等则是熟练与自动化的阶段。由此可知，翻转课堂的实施流程与学生运动技能的形成过程是相契合的，也就是说，翻转课堂的实施流程与巴甫洛夫以条件反射为基础的动作技能形成原理是相契合的，为翻转课堂在高校体育教学中的应用提供了理论支持。

2. 翻转课堂的普适性为其在高校体育教学中的应用提供了保障

通过整理分析发现，目前对于翻转课堂的研究，无论是关于理论类课程教学的研究还是关于实践类课堂教学的研究，无论是国外的研究还是国内的研究，都从不同的角度验证了翻转课堂在学生知识学习与技能掌握方面的优势，相较于传统的教学模式而言，翻转课堂在教育教学活动中的应用更有助于学生知识和技能的掌握，从而在一定程度上说明和验证了翻转课堂的普适性，并为翻转课堂在高校体育教学中的应用提供了保障。

3. 信息技术和信息设备的普及为翻转课堂在高校体育教学中的应用提供了硬件条件

在将翻转课堂应用于高校体育教学中时，任课教师需要利用相关的信息技术和信息设备进行教学资源的收集和制作工作，例如，录制教学视频、制作多媒体课件等，并将其上传到网络平台之上以便于学生下载使用；而学生则需要在课前利用互联网及相关的信息设备获取任课教师所制作和上传的学习资源包，以便于开展课前自学活动，为课堂的互动讨论和多样化练习做好准备。所以说，翻转课堂在高校体育教学中的有效应用必须要有相应的信息技术和信息设备做基础。而我国部分研究者通过调查发现，现阶段不但多数高校都已经配备了开展体育翻转课堂教学所需的信息设备，同时高达71%的学生都拥有私人电脑，而其他的学生也可以通过学校的电子阅览室进行网上自学。这说明，目前高校在硬件方面已经具备了开展高校体育翻转课堂教学所需的条件，从硬件方面确保了翻转课堂在高校体育教学中应用的可行性。

（四）高校体育“翻转课堂”教学模式

一般翻转课堂教学模式包括课前学习资源的制作准备、学生自主学习、课中知识内化、课后总结评价几个阶段。体育教学翻转模式的构建与一般翻转课堂模式相似。基于翻转课堂模式的基本构建，以“学生为中心”构建出适合当前高校体育教学的模式，如图4-3所示。

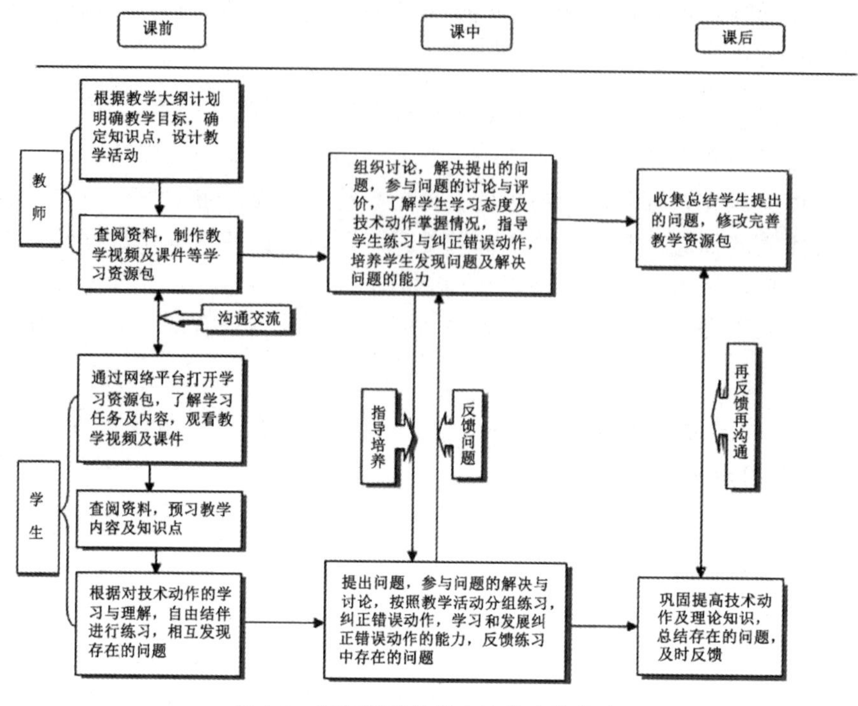

图 4-3　翻转课堂教学方法模式的构建

1. 课前教学资源准备阶段

教学目标是教学活动的实施方向和预期达成的结果，是一切教学活动的出发点和最终归宿。课前，教师首先根据教学大纲、计划，明确教学目标，确保翻转课堂顺利进行。课堂教学目标的确立，要遵循“三维一体”原则，针对提高教学的实效性，形成动态发展教学目标，在教学过程中不断修正新的教学目标，使课前、课中、课后形成一个完整和协调的相互联系的整体三维目标。同时，依据教学大纲及计划，明确教学目标，确定教学内容和知识点。翻转课堂教学内容的体系要完整，组织结构要合理，根据学生的认知水平和要求，选择恰当的教学素材，并根据教学内容的结构特点进行合理的加工和处理。在每个教学目标的设计中要列出清晰合理的学习任务和学习内容，通过信息技术将技术动作的要领、方法制成 PPT 演示文稿，并辅以 flash 动画或二维、三维动作图解，对示范动作图像可以自行录制或下载优秀运动员比赛录像进行编辑和加工，制作成教学视频录像，综合利用演示文稿和视频等手段将教学内容形象地表现出来，按照教学步骤和程序制成学习资源上传网络平台。除了教师自行制作教学资源外，可以利用其他网络资源（比如网络公开课等教学视频和比赛视频）来充实教学内容，使网络资源得到充分利用，技术动作教学更直观、更标准、更规范。对选取的网络资料在进行加工处理的时候，要配以适当的文字讲解，使学习者更清晰、更明朗地了解学习内容。对于动作示范难度比较大或难以直接进行示范的动作，可以通过二维或三维动画技术并辅以用力方向的图解或文字说明将其生动化，易于接受。制作视频要充分考虑时长，做到简洁明了，要充分考虑视频的制作与教学目标和教学内容相吻合，依据教学单元的计划安排，由浅入深、由易到难合理组织每个教学环节，让学习者在不浪费大量时间的前提下，掌握理论知识，实现课前学习效果的最大化。

翻转课堂教学模式需要学生具有自主学习、发现问题和解决问题的能力，需要学生积极主动地参与课前新知识的学习中来。首先，学习者通过网络平台打开教师制作好的学习资源包，了解课中教师提出的教学目标、教学任务和教学内容。对技术动作理论知识进行学习，通过想象法对技术动作有一个大概的理解和认识，最后通过对视频录像中示范动作的观看和对比，形成正确的动作概念和印象，在大脑中留下“痕迹”，为课中实践练习打下基础。在学习过程中，主动发挥发现问题和解决问题的能力，及时发现疑难问题，通过查阅网络资料解决一些力所能及的问题，对难以解决的疑难问题进行记录，待到上课时再解决。部分学生对学习新技术动作有极大的渴望和热情，不可避免地在课前会积极主动地练习，由于无教师的指导和检查，难免会出现错误动作，久而久之会形成错误的动作动力定型，为以后的学习造成阻碍，因此，要求学生在自行练习中练习要适当，以小组和结伴的形式进行，在充分观看教学视频示范动作的前提下，通过相互检查和指导，锻炼学生发现问题和纠错的能力。

2. 课中知识和技能的融合与内化阶段

课中应是学生提出问题，教师答疑解惑，并通过具体的身体练习形成运动技能，使知识内化的阶段。在课堂上，首先，教师要阐明本课学习的任务，收集所有学生所提出的问题，对收集的问题进行归类，按照问题提出的类型进行分组讨论和交流。通过探究式方法解决学生能力范围的疑难问题，进一步培养学生的主动探究、合作学习的能力。对难以解决的问题，鉴于学生通过课前的学习对本课学习内容有了一定的掌握和理解，能够形成正确的思维，教师可以通过提示进行指导，帮助学生形成解决问题的能力。通过课前的知识学习，减少课堂上教师讲解和示范的时间，大大增加学生练习的时间和密度。可以根据学习者不同的练习水平进行分层教学，实施区别对待，同时，在指导学生进行练习时，要对学生容易出现的错误动作进行总结、把控，及时纠错。让学生纠错的同时，理解错误动作产生的原因，懂得如何纠错，培养学生发现错误和纠正错误的能力。另外，指导学生尝试讲解、示范，使学生在练习中，不但会做，而且会教，打破传统体育教学中只追求运动技能形成的单一模式，为终身体育打下基础。

对于学习者来说，课前的学习只停留在表面。通过课堂学生间的讨论和教师交流互动，解决遗留的疑难问题，通过探究式方法解决问题，就要求学习者积极主动地参与到讨论中来，积极大胆地提出自己的观点，这是课堂互动的前提和基础。分组讨论和练习后，每组要选派一名代表反馈各小组的讨论结果和练习过程中出现的问题，教师通过收集各小组反馈的问题进行总结评价，并集中回答，小组间成员要相互纠错，团结协作，一方面培养学生的观察能力和纠错能力，另一方面加强生生间、师生间的关系，在和谐融洽的学习环境中使知识得到内化，运动技能逐步形成。

3. 课后反馈、评价、巩固提高阶段

课堂结束后，教师要积极通过课堂或网络平台收集学生对翻转课堂课前学习的情况（学习的主动性、积极性，学习的方式方法、掌握的程度等），课中练习时出现的错误动作，学生参与练习的态度、练习的效果等问题，针对存在的问题进行总结和评价，依据存在的问题制定整改方案，修改和完善教学视频、PPT 等学习资源，实施有效监控，通过网络平台，创造协作学习的环境和空间，形成一个有效的师生教学活动的“环路”。通过师生间沟通再沟通、反馈再反馈，不断解决教与学中存在的问题，形成动态发展的教学任务和目标，不断巩固和提高运动技术水平，实现教学质量和效果的最大化。

第五节　生态教育理念下高校体育教学方法的改革

生态教育理念是当下教育改革的重要指导思想，在我国不断推进生态文明建设的同时，教育生态学理念应运而生。体育教育生态化是体育教学与生态教育相结合的产物，将促进高校体育教学的全面化、科学化的发展，为高校体育教育改革提供新的方向。因此，基于生态教育理念，对高校体育教学方法的改革进行研究，具有重要意义。

一、实现教学手段的多样化

根据调查结果显示，我国高校仍以传统体育教法为宗旨，较多理论脱离实际。这些教学手段完全不能适应当前社会的发展和当代大学生的需求。那么什么是既能够满足作为教学主体的大学生的需求又能体现生态教育理念下的高校体育教学方法呢？本书从科学化、个性化、兴趣化角度出发，因地制宜、因人制宜地进行教学手段的创新。

第一，科学客观地实施体育教学，满足个体技能与身体的协调发展，由于将技能与身体有机组合能发挥人体的最大体能，也能促进大学生更有效地掌握科学的健身方法。

第二，照顾个体差异，以人性化为切入点进行教学方法的创新，既考虑了个体运动方式的合理性，也考虑了每种方法对身体机能的适应程度。将有悖于个体身心发展的体育教学手段，诸如过分注重个体运动技能知识的理论灌输，忽视个体差异性“一刀切”的统一教育方法摒弃。

第三，个性化的体育教学方法注重以个体性别、年级、学校、地域的差别为依据进行统一划分，以达到关注个体全面发展、多层次发展、多样化发展的目的。

第四，由于兴趣是最好的教师，所以只有提高个体运动的兴趣与热情，将教学方法创新聚焦于个体的创造上，在施教过程中不断增强和磨炼个体的创造意识，才能真正地将体育锻炼转化成人本能的原动力。

二、实现学生主体的个性化

社会不断发展、科学日益更新，新鲜事物层出不穷，我们能时刻感到社会在进步，人们生活水平日益提高。与此同时，人的个性也在随之改变。教育水平是衡量社会发展与进步的一个重要指标，现代教育制度愈来愈重视个体实际情况的发展，通过从不同方面弥补个体发展的差异与不足，从而实现个体自身的提高与充实，满足个体的个性发展。因此，高校体育教学工作也必须遵守这一宗旨。本书所强调的体育个性，即学生个体在运动过程中实现自我掌控与调节的能力，以期实现自我的平衡。据悉，我国中小学校已逐步开展阳光体育、健康体育等工程项目，其目的是在于丰富每个学生的学习形式，吸引更多的学生参与到体育活动与实践中，这能有效地控制“豆芽型”“高分低能”的人才培养，使学生达到强身健体的目的。在活动实践过程中，教学者要注意挖掘学生的兴趣点，遵循因材施教的原则，使其将自身优点与特长得到最大限度的发挥，这就要求高校体育教学内容承上启下、承前启后，为学生个性发展提供平台，并通过此平台展现每位学生的个性魅力。体育活动锻炼的方式是最能体现个体个性的，因此，针对生态体育理念下的高校体育方法改革，要注重个体活动实践过程中个性的发展，从活动中体验到体育实践带来的乐趣与享受，领悟到体育运动的真谛。

高校体育培养的宏观目标旨在培养未来社会建设者和接班人，必须为学生的个性发展提供发展的合适空间，它必须满足每个个体的发展。若每个个体都能了解自己所在的层次与能力的水平，那么就达到了体育教学的普及性要求。高校体育教学方法革新，需要遵循终身性发展的要求，为不同个体寻找符合自身发展的终身运动，实现参与目标、技能目标、身体健康目标、心理健康目标和社会适应目标。

三、提升学生对于生态体育的认知性

根据人类认知规律判断，学生对于生态体育的认知遵循特定的规律。首先是听说、知道或是接触过生态体育，进而形成直观或感性的认知，在此基础上通过实践参与生态体育活动才能够形成系统、完善的认知架构，兴趣是引发学生关注并促使其形成体育活动心理意向的关键，在生态教育理念下的高校体育教学中，应该不断丰富和拓展体育活动形式，不再局限于传统的课堂教学模式，应鼓励学生自主选择体育项目并参与喜爱的体育活动，由此让学生在愉悦的体育教学环境中，体会生态体育所带来的教师与学生、学生与体育活动的和谐统一，进而提升学生对生态体育的认知性。

四、增强教师生态体育教学的素养

教师是高校体育教学的引导者和辅助者，是推进高校生态体育教学发展的重要支撑力量，生态教育理念的宣传、教育方式的创新及教育活动的组织均离不开教师，为此，高校体育教学模式的创新和发展要强化教师队伍的建设，以“融合共生”的生态教育理念，以师生互动、人与体育相互融合、学生可持续发展为根本目标导向，并利用各种教学资源和条件，定期对教师进行教学观念、教学方法及手段的培训与指导，从而让教师形成严谨治学、循循善诱、关爱学生的教学素养，并在多种形式的体育实践互动中，实现与学生的互动交流，进而实现良好的生态体育教学效果。

五、实现教学方法的现代化

体育教学现代化是教育现代化的重要标志，因此作为高校教育者更应提倡与鼓励这种教学方法。体育教学作为“五育”——德、智、体、美、劳中的重要学科，其地位举足轻重。高校体育教育作为高校体育教学的重要环节，对学生身体素质与终身体育的要求也越来越具体化，除了日常体育课程教学、课外活动教学以外，对学生体育理论方面的知识、对比赛组织与裁判规则、自我锻炼指导与体育竞技、体育欣赏等方面内容提出了更高、更具体的要求。高校体育活动内容越来越丰富，体育竞技项目越来越普及，对运动项目的实施，场地、器材、教师教学能力的要求也愈来愈高。然而，在此状况下，高校体育教学的师资数量与运动场地资源日趋紧张，出现热门运动的选课人数超过教师所能承受的能力范围，场地、器材等客观因素也受到了相应的制约，学生的意愿得不到满足，选课的热情就逐渐递减。因此，充分利用体育网络教学，是一种新的尝试，可以弥补传统体育教学方法的缺陷与不足。首先，它实现了高校体育教学知识内容从“灌输”到“启发”的转变，注重学生创造性与实践能力的培养；实现了体育技能学习到体育知识发展的过渡，有助于实现学生终身体育意识的形成。其次，体育网络教学模式的实施，既实现了高校公共体育教学由课内向课外运动的目标的延伸，提高了体育教育生活化程度，又有利于学生自我体育活动分配的形成。学生有了网络体育教学辅助，可以根据自身情况安排课程、选择课程、可以反复对教学课程进行学习与研讨，也可以在不同的场地如寝室、图书馆、教室进行学习，突破空间的限制，使“教育生活化”不再是空想。最后，完善与健全高校体育学习系统网络平台，有助于转变传统高校体育单纯围绕教师与学生口头互动、课堂知识传授学习内容与知识技能的单向性局面，能有效解除学生自主性学习培养与发挥的制约因素。网络平台是一个庞大的资料库，汇聚各地高校、体育部门、图书馆等优质资源，为高校师生学习体育知识，了解当前体育相关发展动态，体育赛事等，提供最直接、最便捷的途径。既有利于达到师生互动，也能促进体育教学目标的实现。

第五章　多重理念下高校体育教学评价的改革研究

第一节　高校体育教学评价的概述

一、体育教学评价的概述

（一）体育教学评价的概念及特点

1. 体育教学评价的概念界定

体育教学评价是依据一定的体育教学目标及其有关标准，对整个体育教学过程进行系统的调查，并评定其价值和优缺点以求改进的过程。体育教学评价是依据体育教学目标和体育教学原则，对体育的教与学的过程及其结果进行的价值判断和评价。

（1）体育教学评价是依据体育教学目标和体育教学原则来进行的；体育教学目标是对体育教学“是否获得了预先设定的成果”“是否完成了任务”的评判依据；体育教学原则是对教学“是否做得合理”“是否合乎体育教学基本要求”的评判依据。两个评判依据都具有客观性和规范性，也都具有体育教学评价的信度和效度。

（2）体育教学评价的内容是教与学的过程和结果；体育教学评价的主要对象是受教育的学生，包括学生的学习水平和品德行为等；体育教学评价也要对教师进行评价，包括教师的教学水平、教学效果和师德行为等。

（3）体育教学评价的工作内容是“价值判断和量评”工作；价值判断是定性的评价，主要是评价教学方向的正误，教学方法的恰当与否等；量评工作是指定量性评价，主要是评价可以量化的学习效果，如身体素质增长和技能掌握的数量等。

（4）体育教学评价贯穿教学目标确定、内容选择、组织实施的各个环节；目的是及时修正体育教学目标、解决体育教学中出现的问题以及实现体育教学资源的合理配置与组合，追求最佳效果和目标的达成，是一项实践性和操作性很强的工作。

(5) 体育教学评价是以体育教育的价值观为标准，以达到体育教学目标的程度来评价体育教学成绩和效果，它要求对体育教育和体育学习的知、情、意各方面全面性地进行考察。

综上所述，广义的体育教学评价是以体育教学的全部领域为对象，它涉及体育教学的一切方面，体育教学与社会、家庭，体育教学与美学、心理学，体育教学与美育、德育、智育以及体育教学体系、体育教学目标、体育教学内容、体育教学方法等。狭义的体育教学评价是以学生为评价对象，专指在学生的体育学习领域中在知识与技能、过程与方法、情感态度与价值观等方面给予价值上的判断。形成现代体育教学评价是依据《体育课程标准》的价值、理念、目标，运用科学可行的方法和手段，对体育教学要素、过程和效果进行价值判断的活动。通过体育教学评价，促进学生和教师不断进步，促进学校不断发展，促进课程不断完善，以达到体育教学价值增值的目的。

2. 体育教学评价的特点

(1) 体育教学评价功能的决策性

体育教学评价具体来说，有导向、激励、协调、控制、管理等方面的功能，概括来讲，则是通过广泛收集和分析各方面的信息，综合判断教学现状所达到教学目标的程度来决策教学实践活动的运行。例如，教师可以通过反馈信息，协调教学程序、改进教学方法、做出正确的决策，使教学沿着既定的教学目标前进。学生则可以通过信息反馈，判断自己的学习是否存在问题，校领导还可以通过评价得到教学的决策信息，从而加强教学工作的管理。

(2) 体育教学评价指标的客观性

体育教学评价的目的在于揭示教学的真正价值，因此，必须做到评价指标的客观性，进而实现有效评价的结果。在我们制定评定指标时应符合全面性、具体性、预测性原则。评价指标应力求全面反映体育教学的状态及其效果；评价指标还需具体明确，制定评价指标应从分析教学过程的基本因素入手，精选那些能反映教学质量的主要因素进行分析，并依据各因素的重要程度，赋予不同的权重值。要使评价具有客观性，必须使评价精确化，这就要求选取指标时，首先应考虑选取那些可以用某些手段进行测量的指标，以便进行客观地评价。

（3）体育教学评价过程的有序性

体育教学评价是一个有序性的过程，这个过程由计划、实施、检查、总结四个阶段构成。计划阶段主要是制定评价方案，评价方案反映了评价的决策，是评价工作的依据。实施阶段主要是做好评价的组织工作，明确工作职责，按评价方案开展评价活动，工作重点是收集和处理评价信息，检查阶段主要了解评价方案执行的情况，纠正偏离评价目标的行为，使评价工作顺利地进行。总结时运用正确的数据和典型材料，提出评价结论，改进教学评价制度。

（4）体育教学评价的即时性

在体育教学中，教师的教学行为和学生的学习行为实际上都在被即时评价着，教师的教学行为具有外显性，对学生的学习产生影响，而学生的体育学习具有很强的外显性和即时性，会及时反馈给教师。这种即时性能够对教师的教学评价和学生对自身的评价产生良好的影响。教师应正确地运用这个评价特点，恰当、及时地对学生的学习做出评价，扬长避短，使体育教学评价发挥激励和发展的作用。

（二）体育教学评价的研究现状与发展趋势

1. 体育教学评价的研究与发展对现实的影响和意义

（1）教学评价职能上的形成性更加明确

现代教育评价模式不再将评价看成是鉴别、分等和检查的工具，而逐步使评价成为改进工作、推动教育发展、提高教育质量的手段，评价的结果也主要用于提供各方面的信息，提出建议或通过社会舆论的力量来影响和促进学校的工作。现代评价虽并不否认终结性评价在决策和管理中的作用，但更注重评价上的形成性职能，即使是典型的终结性评价，也都或多或少地包含着形成性评价的因素。

（2）评价方法上的主观性受到重视

在传统的评价中，定量的方法、实验的方法以及各种客观数据收集的方法备受青睐，人们普遍认为只有定量的、客观的方法才是科学的，但由于定量方法的局限性，人们逐渐注重定量的客观方法与定性的主观方法的结合。现代的评价模式，在注意客观方法与主观方法结合的同时，越来越注重评价方法上的主观性，甚至通过放弃部分评价的严谨性和精确性，来求得评价的弹性和适用性，为的是掌握更多有用的信息，协调评价与被评价者双方的关系，共同为改进工作、提高教育工作质量服务。

（3）评价实施中的参与性与民主性结合

现代教学评价模式非常重视自我评价的作用，重视评价中各类人员的参与和评价。如目标导向模式和决策导向模式更多的是考虑管理者的意图，而其他各种模式则强调评价要反映消费者等活动参与者的意图；被评价者不再是被检查的对象，而逐步成为评价活动的主体，他们可以发挥自己的能动性，以自己特有的方式和标准来参与评价活动；评价的实施也越来越重视收集和充分考虑所有与评价有关人员的意见，越来越尊重不同人、不同团体和不同文化体系的不同价值判断。这一方面反映了现代人教学评价价值观念上的发散性，另一方面也体现了教学评价模式中的民主性。

2. 我国体育教学评价的发展趋势及基本走向

在体育教学评价的实践过程中，众多学者坚持边实践、边研究的原则，重视吸收国外体育教学评价理论研究的新成果，同时认真总结我国宝贵的实践经验，进而上升为科学理论，用以指导体育教学评价的实践活动，促进我国体育教学评价理论研究和实践活动的发展，进而形成适合我国国情的体育教学评价的实践模式。当前我国的体育教学评价呈现出以下几种发展趋势。

（1）体育教学评价内容的全面性

在传统的体育教学中，对学生学习结果的评价主要集中在知识的掌握、智力的发展等认知领域，对教师教学水平的评价往往以学生的考试成绩为依据，而对学生的思想品德、个性、人格等的发展以及教师的教学行为、授课质量不够重视。随着人们对体育教学评价目标和功能认识的不断深化，素质体育教学评价的内容也日益全面，不仅要评价教师的教，还要评价学生的学；不仅要评价体育教学活动的结果，也要评价体育教学活动的过程；不仅要评价学生在知识、技能、智力和能力等认知方面的发展，还要评价情感、意志、个性、人格等非认知因素的发展。

（2）体育教学评价方法的多样性

在传统的体育教学中，评价大多采用单一的方法，或是单纯定量的方法，或是单纯定性的方法，由于多因素的制约性以及评价技术和手段的局限性，严重影响了体育教学评价结果的客观性、科学性。因此，体育教学改革主张把各种评价方法结合起来，例如把定性方法与定量方法，自评与他评，结果评价与过程评价，诊断性评价、形成性评价与终结性评价相结合，这样既可以充分发挥各种评价方法的优势和特长，又可以互相弥补其缺陷和不足，从而使评价的结果更加客观、公正。

（3）体育教学评价主体的多元化

在传统的体育教学中，体育教学评价活动的主体主要是学校管理人员或体育教学行政部门，是一种单一性的他人评价，作为评价对象的教师和学生则完全处于被动地位，没有任何主动选择的余地。当前体育教学评价的一个重要转折点就是评价主体的多元化，即评价主体由单纯的体育教学行政部门转变为学校管理者、同行教师、学生以及教师本人都可以对体育教学活动进行评价。评价主体的多元化，一方面可以从多个方面、多个角度出发对体育教学活动进行更全面、更客观、更科学的评价；另一方面，由原先的评价对象成为评价主体的教师和学生，在进行评价的过程中，也不再处于过去单纯的被动状态，而是处于一种主动的积极参与状态，充分体现了他们在体育教学评价活动中的主体地位，这十分有利于教师、学生不断地对自己的体育教学活动和学习活动进行反思，同时对自己的活动进行自我调控、自我完善、自我修正，从而不断提高体育教学的质量和效率。

（4）日益注重体育教学评价的教育性和发展性功能

传统的体育教学评价注重的往往是区分、甄别、选拔性功能，只看体育教学的结果而不问体育教学的过程，是一种单纯的结果评价和终结性评价，一般用于对教师的奖惩和选拔学生。素质体育教学则更加重视体育教学评价的体育教学性和发展性功能，力图通过过程评价和形成性评价，及时向教师和学生提供反馈信息，使他们能够了解体育教学活动中存在的缺陷和不足，从而促使教师和学生能够不断地改进、完善自己的体育教学活动和学习活动，使体育教学活动能够更好地为学生的发展服务。

3. 我国体育教学评价的现存为题

目前，从体育教学改革和发展的需求来看，我国当前的体育教学评价工作尚存在如下一些急需解决的问题。

（1）体育教学评价的指导思想仍需转变。“为促进学生的发展而评价”“为促进体育教学质量的全面提高而评价”，还没有真正成为大多数人的实践活动。

（2）体育教学评价的基础理论研究还比较薄弱。对学生个体素质的测评仍是一个难题，尤其是对学生在非认知因素、思想道德素质、心理健康水平等方面的测评，缺乏科学、有效的技术和手段。

（3）对于以往体育教学评价的缺点论述过多，不能全面反映我国体育教学评价在体育教学过程中的效果；对于体育教学评价的观点缺少实证研究，大多数研究者没有经过实证调查，因而对于现状的评述缺少客观性；体育教学评价指标体系的设计缺乏坚实的科学依据，操作性较差，而且体系过于庞杂，影响了体育教学评价的可操作性。

（4）理论探讨多于实践研究，理论研究评价内容体系越来越繁杂，出现了评价研究有过分追求完美的倾向，导致评价方案越来越细，冗余指标增多。使人对评价望而生畏，厌烦评价乃至不愿评价。

（5）在正确评价体育教学的进程和结果中，忽略教学评价中教与学的任何一个方面，因而在问题讨论中会出现逻辑上的混乱。通过对众多专家学者的研究成果的总结，进一步阐明体育教学评价的重要意义及其对体育教学的影响力，进一步说明我国学校体育教学评价体系在逐步走向完善，而在这个体系下的具体实施方案还有待研究，这也为我们的进一步研究留下了相应的空间。

二、高校体育教学评价的概述

（一）高校体育教学评价的原则

高校在进行体育教学评价时，只有在坚持一定原则的基础上进行科学的评价，才能真正有利于体育教学目标的实现。

1．全面性原则

在高校体育教学中，教学系统是十分复杂的，教学任务是极其多样化的，体育教学的质量能够从不同的侧面得到反映。因此，在进行高校体育教学评价时，应坚持全面性原则，对教学活动进行多角度、全方位的评价，以切实促进体育教学质量的提高。

2．实践性原则

高校体育教学是一门有着很强实践性的学科，而且体育的能力、水平和素质最终要体现在实践活动中，一般来说，这种实践活动包含体育身体素质、体育技术水平、体育兴趣和爱好四个层面。因此，在进行体育教学评价时，应该在实践活动中进行，并对实践活动的四个层面都给予重要关注。

3. 科学性原则

高校体育教学评价的结果要想拥有实际意义，就必须在进行体育教学评价时坚持科学性原则，以客观规律为依据，科学地选择评价方法标准以及程序，同时要避免经验式和直觉式的教学评价，一切结果都要有科学的依据。

（二）高校体育教学评价的特征

高校体育教学评价有着自身独有的特征，正是这些特征使得高校体育教学评价能够促进体育教育的发展。

1. 评价内容的全面性

高校体育活动的效果是对各种体育活动进行综合后的效应，因此在进行体育教学评价时，要对教学的内容进行全面性的评价。

2. 评价目标的发展性

高校体育教学目标是一切体育教学活动的出发点和落脚点，集中体现了体育教学主体的价值观念，也是进行体育教学活动成效评价的重要依据。而伴随着社会经济的发展以及思想观念的变化，体育教学目标也会有所发展。因此，在对体育教学进行评价时，要针对发展的体育教学目标进行评价。

3. 评价主体的多元性

在高校体育教学评价中，教师和学生作为评价主体已经摆脱了以前那种消极的被评价的状态，开始主动参与到体育教学评价中来。而且，体育教学评价不再只是教师和学生间的互动，学校、家长以及社会也应该参与到这个评价的过程中来，使评价成为多主体共同参与的活动。

4. 评价方法的过程性

在高校体育教学评价中，评价方法不再将体育教学结果作为唯一依据，而是将重心放在对学生体育学习过程的全程跟踪与考查上，教师开始注重学生学习的全过程，对其学习过程中的进步与发展给予更多关注并及时予以评价。

（三）高校体育教学评价的内容

高校体育教学评价的内容，主要有以下几个方面。

1．高校体育教师对体育教学过程的评价

在高校体育教学评价过程中，教师对体育教学过程的评价是通过一定理论与实际方法的运用，来实现对体育教学过程与教学结果的评价，包括“教师对自己教学情况的自我评价”和“教师之间的相互评教活动”两种形式。

2．高校体育教师对体育学习过程的评价

在高校体育教学评价过程中，教师对体育学习过程的评价在体育教学评价体系中处于主体地位，主要的评价对象是参与其中的学生，包括“教师在学习过程中对学生的激励评价”和教师对学生体育学习结果的成绩评定”两种形式。

3．学生对体育教学过程的评价

在高校体育教学评价过程中，学生对体育教学过程的评价越来越受到人们的重视，包括“学生在学习过程中对教师教授内容的随时反馈”和“有学生参与的评教活动”两种形式。

4．学生对体育学习过程的评价

在高校体育教学评价过程中，学生对体育学习过程的评价在新的《体育与健康课程标准》中得到了高度重视和提倡，包括“学生的自我评价”和“学生之间的相互评价”两种形式。

5．其他评价

在高校体育教学评价过程中，其他评价主要指的是除教师和学生以外的其他人员对体育教学做出的评价。

（四）高校体育教学评价的现状

在高校中，体育教学评价始终处在一个非常薄弱的环节，因而当前的高校体育教学评价仍存在不少的问题

1. 高校体育教学评价不能很好地体现体育教育目标

高校体育教学目标是体育教学评价的重要依据，而体育教学评价既能对体育教育目标的实现情况进行检查、鉴定及总结，也能对体育教育目标的调整和改进提供一定的反馈信息。当前，体育教学的重要目标是增进健康，但在进行体育教学评价时却主要以体能指标评价体育成绩，因而无法很好地体现体育教育目标。

2. 高校体育教学评价的标准和内容缺乏科学性

当前，高校体育教学评价的主要实现形式是考核，而考核的主要对象是学生。而且，当前的体育教学评价仅仅针对单独的各学科课程，而忽视了各个学科课程之间的有效整合。此外，当前的体育教学评价只注重结果，而忽视了过程；只注重学生身体素质、知识技能的发展，而忽视了学生个性、意志及情感的发展。因此，高校体育教学评价的标准和内容还缺乏科学性，需要进一步进行完善。

3. 高校体育教学评价的方法过于单一

高校体育教学评价的方法有量化评价和质性评价，量化评价关注的是“是什么”“有多少”，而质性评价关注的是“什么方式”“什么样”“多大程度”。但当前的高校体育教学评价大多只是运用量化评价，而忽视质性评价。高校体育教学评价的方法还有形成性评价和终结性评价，形成性评价关注的是体育教学的过程，而终结性评价关注的是体育教学的结果。由于当前的高校体育教学评价重终结性评价而轻形成性评价，因而无法对体育教学的过程进行有效评价。

4. 高校体育教学评价的主体不全面

当前，高校体育教学评价的主体是教师，学生自评以及学生间的互相评价还未被纳入教学评价体系中，学校、家庭以及社会更是很少参与到体育教学评价中，从而使得评价的结果过于片面。

（五）高校体育教学评价改革的趋势

通过以上内容的介绍，可以进一步得出高校体育教学评价改革的趋势。

1. 高校体育教学评价由单一向多元化方向发展

高校体育教学与其他学科教学相比，在课程体系结构、授课方式以及实践等方面都存在着很大的不同，而且学生个体在体育素质方面也有着非常明显的差异，这就使得单一的体育教学评价无法保证评价结果的真实性以及准确性。因此，只有将多种体育教学评价的方法综合起来进行运用，才能使教学评价的效度和信度得到很大提高。

2. 高校体育教学评价由重视评价结果转向重视评价过程

从当前高校教学改革的趋势来看，对教学和学习过程以及学生实践能力和创新精神的重视成为人们的共识。而且，随着体育教育观念发生的深刻变化，高校不但重视传授体育知识和技能，而且更加关注学生的个性发展、创造精神和能力；更加注重对体育理论和技能的贯通以及对体育学科知识和其他学科知识的融汇；更加注重体育知识的运用。因此，体育教学的评价需要与这种转变相结合，从重视评价结果向重视评价过程转变。

第二节　以人为本理念下高校体育教学评价的改革

一、以人为本的内涵

以人为本是我国科学发展观的实质，其内涵简单明了。从字面意思理解，以人为本就是做任何事情都要把人放在首位，对于科技的发展和国家的进步来说，人才是最关键的。将以人为本用在高校体育教学中，这里指的就是学生，所谓的以人为本就是以学生为本，简单来说，在高校体育教学中以人为本的内涵是，所有课程的宗旨都是促进学生的全面发展，是围绕学生进行的，既然高校体育是必修课程，就一定要能够促进学生的发展。当然不仅仅是促进学生身体素质的增强，还要能够影响学生的道德素质和培养学生的组织能力，锻炼学生的坚强意志，促进学生的全面发展。

二、以人为本理念下高校体育教学评价改革的必要性

在新形势下，我国教育面临着前所未有的挑战，我国的经济体制不断进行改革，社会结构也发生了深刻的变动，思想观念也随之发生深刻的变化。经过长期的探索发现，科学发展观为我国经济的发展提供了一个崭新的转折点，事实证明，人类社会的发展必然会选择科学发展观，也终将成

为我国各项事业改革和发展的战略思想。

（一）社会发展的需要决定高校体育教学评价进行革新的必要

我国教育在近年来一直处于飞速发展的状态，使人们的科学文化素质都得到了提高，但是从客观上说，以我国目前的状态还不能很好地适应社会发展的需要，社会发展不仅需要人才，其人才的质量也要能很好地适应经济社会发展的要求。教育发展的最高标准就是促进经济发展、社会进步、文化繁荣；满足人们全面发展的教育需求。高校体育教学评价的革新必须做到与时俱进，要站在社会需要的角度上考虑高校体育教学评价的革新。

（二）学生身心发展的需要决定高校体育教学评价革新的必要

虽然我国社会在不断发展，人民生活的水平也在不断提高，但是青少年尤其是高校学生的身体素质水平和运动机能却呈现下降趋势。面对这一现实情况，当务之急就是对高校体育教学进行革新。高校改革的目的就是促进学生身心健康的发展，这也是我国全体教育工作者都重视的问题。如果要想实现这一目标就要抓住体育教学这一环节，提高学生参加体育运动的积极性，严格遵守教育教学的实质。

三、以人为本理念下我国高校体育教学评价的现状

（一）高校体育教学评价内容的人本缺失

我国高校体育教学内容一直以运动技术教学为主，沿用的是竞技运动的教材体系，体育项目竞技成分重、难度大。由于过分强调技术动作的规范性，完成动作质量的要求和标准也过高，学生都难以完成和掌握，渐渐地使学生喜欢体育而不喜欢体育课并出现了厌烦的现象。这些含有竞技成分的体育项目大多趣味性低，不能激发学生锻炼的兴趣和积极性，严重影响了教学质量和健身效果。

（二）高校体育教学评价模式的人本缺失

体育课，应该是学生缓解压力，发泄情绪的课程，结果当前的高校体育教学还是以考试为目的而进行的，学生是带着满腔激情来参加体育课，本以为在体育课上能够缓解自己的学习压力，释放自己的激情。但是体育课堂的教学模式让学生的激情被逐渐的磨灭，本来体育课应该是放松的课

程，结果整个课堂在老师的控制下，以及理论的讲解下进行，使得本该充满激情的体育课变得枯燥无味，让学生在压抑的教学模式和考试制度下上课，这种缺乏以人为本的课堂，完全失去了体育教学的目的。

（三）高校体育教学评价方法的人本缺失

高校体育教学评价还是应试教育的一套做法，平时成绩涵盖内容就是考勤、技术考试成绩和体育理论考试成绩，用数据说话。大多数教学评价体系采用传统的运动成绩方式，缺少体现最新评价思想的技术与方法，评价过程显得封闭、静态，缺乏灵活性与动态性。在传统体育教育观念中，人们衡量体育教学质量的尺度只是运动技能。其结果会导致运动参与、身心健康、增强体质、适应社会往往流于形式，运动成绩被推到了至高无上的高度。在这样的氛围中要造就德、智、体、美、劳全面发展的健全人才，要造就具有丰富想象力和创造力的全新人才，无疑是“浊其源而欲流清，伐其根而欲叶茂”的空想。

（四）高校体育教学评价主体的人本缺失

教学评价的主体有两层含义：一是课堂的主体性，就是评价谁的问题。传统的课堂教学评价标准大都偏重对教师教学的评价，对学生的评价常常被有意或无意地忽视了。主体教育应以充分重视学生主体为根本特征，在确立主体性课堂教学评价标准时，必须同时考虑教师与学生两方面的活动，彻底消除传统课堂教学评价只见教师不见学生。二是评价的主体性。以往对学生的评价就只有教师这单一主体，教师说了算，学生只能被动地接授评价结果，没有参加评价的权力，始终处于被动性地位。虽然有一些被评价者的自我评价，但总的来说被评价者还是处于消极被评价地位。

四、以人为本理念下高校体育教学评价的改革策略

（一）改变传统评价的观念

任何改革的成功都要从人的思想观念的转变入手，只有陈旧的思想观念被摒弃，注入新鲜的思想观念，才能取得成功。对于高校体育教学评价也不例外。在新课标的改革下，高校体育教学一直都是改革的目标，并且每一次的改革都对其进行了理论上的更新，但是由于学校每次只注重形式，学校和体育教师还保持着传统观念，所以高校体育教学评价的改革一

直没有获得真正的成功。

以人为本的高校体育教学评价，是符合当前科学发展观的最新的改革要求，要完成以人为本的体育教学评价的改革，需要一定的时间和过程，需要首先改变学校和体育教师的传统教学观念，建立完善的监督管理部门，将新的思想观念落实到体育教学中。

（二）纠正以人为本视野下体育教学的人本缺失

1. 纠正教学模式上的人本缺失

传统教学是以教师为主导，学生完全是被动的学习，要受到教师思想和教学方法的牵制，这是严重缺乏人本理念的。因此，要想达到体育教学的彻底改革和创新，就要将体育课堂的主体从教师转变到学生身上，让学生真正参与到课堂中去，并进行积极地讨论，让学生和教师的界限模糊化，将教师和学生之间的地位差距彻底消灭，这样的课堂能够增加学生的积极性，同时培养学生的交流能力和组织能力。将主动学习和创新的权利重新交付到学生的手中，这样的课堂教学模式才符合以人为本视野下的体育教学。

2. 纠正教学目标上的人本缺失

目前，虽然一直在强调高校体育教学的改革和创新，但是高校在落实方面相对比较滞后，其教学目标还停留在传统的阶段。让学生能够顺利通过考试、顺利毕业是高校体育教学的主要目标，这完全与以人为本视野下的新课标理念是相悖的。因此，要想顺利完成以人为本视野下高校体育教学的改革，首要的任务就是把教学目标从应付考试转变为培养学生。高校体育教学目标是为了培养学生的德智体美劳的全面发展，一切教学的目标都是为了顺应学生的自身发展，培养学生的能力。考试只是一种形式，并不是教学的主要目标。只有这样才能真正起到体育教学的目的，为学生未来的发展提供有利的帮助。

3. 纠正教学内容上的人本缺失

在以人为本的理念下，高校体育教学在内容上还保留着传统的教学内容。在课堂上还是比较压抑和严肃的，体育课的教学内容仍然是传授运动技巧，比如篮球和排球，老师更注重的是这些运动技巧的教授，而很少关注学生的合作能力。这样死板的教学内容，使得本身对体育向往的同学对体育课程不再有期待。这样不利于实现以人为本理念下的新课标要求。因此，在教学内容上应该更加注重以人为本，不要过分强调某一个或者某几个体育项目的运动技巧，而是让学生积极参与，把他们的合作能力以及创新能力发挥出来，这样学生才能更加喜欢体育课程，也才能更好实现以人为本理念下的高校体育教学目标。

4. 纠正体育教学评价上的人本缺失

传统体育教学评价的主体是教师，教师都是根据一个固定的评判标准对学生进行评分，有的老师还会通过学生间的对比来评分，这样的评价方法太过于模式化和主观化，完全缺乏人本理念，这样的成绩也没有代表性。为了更好地完善以人为本的教学方针，这种教学评价体系就必须进行改革。首先，教师的评价标准不能一成不变，需要多方面进行考虑，并且允许学生自己选择考试种类或内容。考试成绩不能仅仅以平时的考勤情况和最后的技巧考试为主，还要考虑学生平时课堂上的表现，诸如创造能力、合作能力、组织能力以及学生的品德等等。同时评价的主体不能仅仅是老师一个人，要让学生也参与到评价中来，这样的评价才是有意义的，才是公平的，才符合以人为本的教学目标。

（三）防止以人为本理念下高校体育教学方向的偏离

1. 防止为了尊重学生而淡化课堂纪律

以人为本的高校体育课堂强调的是尊重学生，把学生作为课堂的主体。很多老师在这个方向的理解上存在偏差，他们认为以学生为主、尊重学生的课堂就是让学生积极地参加讨论，讨论内容无关紧要，并且为了做到尊重学生，无论学生在课堂上做了什么，教师都不会批评，使得课堂的纪律越来越差。这样的做法与以人为本的教育理念是相悖的，所谓的以人为本不是放任自流，而是以学生未来的发展为主。所以应该防止这种淡化课堂纪律的行为，以免影响学生未来的发展，失去了课堂的意义。

2. 防止为满足学生要求而漠视教师的权益

高校体育教育“以人为本”被曲解为要无条件满足学生的愿望，迁就和顺从学生，而教师的合理权益、发展愿望得不到尊重和维护。如有的学校在“尊重”的名义下，对学生不合情、理、法的要求一味迁就，出现了学生想怎么样，学校和教师就为他们提供相应条件的现象，实际上变成了

“唯生独尊”。为了“尊重”学生的发展需求，有的学校对教师提出近乎“苛刻”的要求，一味强调教师要无私奉献，教师的休息权和获取劳动报酬的合理要求得不到满足；一些教育主管部门、学校领导动辄以“下岗”为要挟，教师的合法权益得不到有效保证，使教师产生职业倦怠，影响教师积极性的发挥和学校办学质量的提高。

3. 防止为了以人为本废除考试

很多高校的体育教师认为以人为本就是放任学生自由的发展，可以取消考试。这种观点是错误的，我们强调的是把评价的标准多样化，培养学生的创新能力和个人喜好，但并不是放任学生不管，取消考试。

以人为本是新课标的教学目标，一直都是高校体育教学改革的方向。将课堂的主体交给学生，让学生充分参与到课堂中，让学生主动的接受知识，培养学生创新能力是新课标的要求。对于以人为本理念下的高校体育教学评价应该纠正教学各个方面的人本缺失，改善学校和教师的思想观念，更好地培养学生的德智体美劳全面的发展。

第三节　多元智能理念下高校体育教学评价的改革

一、多元智能理念下，我国高校体育教学评价中存在的问题

（一）功利性倾向严重，忽视学生全面发展

体育教学评价的目的同其他任何学科教学评价的目的一样，一方面是为了使教师检查教学的情况，以改进教学方法，提高教学质量，另一方面是为了使学生了解自己学习的情况，以便下一步更好地学习。然而，在实际的体育教学工作中，无论是教师还是学生对体育教学评价的目的都显示出功利性倾向。有的体育教师将教学评价作为一种评职称、晋级、得荣誉的方法；而有的学生为了获得学分、奖学金，为了在体育测验中取得好的成绩，不惜向老师要分，甚至买分。凡此种种，不但助长了体育教学评价目的的功利性，而且严重损害了教学评价应有的功能，忽视了学生身体、情感、意识等方面的和谐发展。

（二）侧重统一标准，忽视学生个性

当前我国普通高校的体育教学评价，大都采用数字等级或文字等级的形式对评价结果给予描述。追求的是公平、公正，是在大纲规定的标准下，在特定的时间、地点对特定的知识或技能进行考核。这种评价强调的是“筛选”，是“排队”，是力争在最“精确”、最“科学”的条件下对学生进行评定。不存在不同的人采取不同标准的做法，无视学生身体条件的差别和个性品质的独特性。在这种评价理念下，测得的是各个学生在同一标准下所取得的成绩，既不能预测学生的潜在发展能力，也不能显示出学生的个性差异。

（三）内容不全面，缺乏科学性

现行的体育教学评价，普遍采用考核的方式进行，考核的内容只是所教的知识或动作，教什么就考什么，考什么就教什么，且仅限于本学科课程，不涉及其他学科，强调的只是测验的结果，不考虑学生的意识、情感、态度等非智力因素的发展和作用。我国的心理学家经过长期的研究认为：人的发展受智力因素和非智力因素的共同作用，而且在很大程度上，是非智力因素起着决定作用。由此可见，传统体育教学评价内容不包括非智力因素方面的内容，不涉及其他学科内容，既不科学，也不全面。

（四）单维度的评价手段有较大的片面性

目前我国普通高校所采用的评价方法大多是量化评价和终结性评价，然而，众所周知，终结性评价是在学习过程结束后进行的，评价结束时也是学习结束时，根本起不到反馈的作用，而且也忽略了学生在学习过程中的表现。量化评价所能评价的只是那些能够转化为数字的运动成绩、主观判定等，但若要对复杂的体育课中的各种情况都以数字的形式表示出来，显然很不全面。再者，学生所学的具体技能，通常是在分解动作的情况下练习，然后用标准化测验对他们做这些分解动作的能力进行测试，但他们却不能在游戏情况下或比赛中做同样的动作。这样的标准化测试，测得的只是单维的运动成绩，不能测出技能在具体情况中的运用能力。

二、多元智能评价理论的内涵

多元智能评价理论是将多元智能理论的理念运用到评价中的理论结果。

多元智能理论是由美国哈佛大学教育家、心理学家霍华德·加德纳提出的，他在《智力的结构：多元智力理论》中介绍了该理论。他认为智能的基本性质是多元的，智能的基本结构也是多元的。在加德纳的多元智能框架中，他认为个体至少应拥有这八种相对独立的智能：①语言智能（Linguistic Intelligence），即顺利而高效地利用语言描述事件、表达思想并与人交流的能力；②逻辑数理智能（Logical－Mathematical Intelligence），即对事物间各种关系如类比、对比、因果和逻辑关系的敏感以及通过数理运算和逻辑推理等进行思维的能力；③空间智能（Spatial Intelligence），即准确感受线条、形状、结构、色彩和空间位置以及通过平面图形和立体图形将它们准确表现出来的能力；④音乐智能（Musical Intelligence），即感受、辨别、记忆音乐以及通过音乐表达自己思想感情的能力；⑤身体运动智能（Bodily－Kinetic Intelligence），主要指运用四肢和躯干的能力，表现为个体能够较好地控制身体动作，对事件能够做出恰当的反应以及善于利用身体语言等表达自己思想和情感的能力；⑥人际交往智能（Interpersonal Intelligence），即准确察觉和区分他人的情绪、动机、意向及感觉的能力；⑦自我反省的智能（Self－questioning Intelligence），即在正确的自我意识和自我评价的基础上形成自尊、自律和自制的能力。最近他又提出了自然观察者智能（Naturalist Intelligence），即辨别生物和感受自然界特征的能力。

加德纳将评价定义为“获得个体技能和潜能等信息的过程”，认为评价应该找到解决问题和制定产品的能力。他指出，课堂教学评价应该具有以下特征：①评价目的：帮助学生认识自己，为他们提供有关他们自己的智能强项和智能弱项的信息，给学生提出与学习方向相关的建议；②评价的效度：为了保证评价的效度，评价应该是自然学习环境中的一部分，不应该是在一学期学习时间的剩余部分中外加的内容；③评价手段：不能仅仅通过考试和测验手段来评价教学，因为他们都严重地偏向语言和数学逻辑智能，并提出了“智能公平”的评价手段，即能够直接观察到一种智能的潜力，而不必通过语言和逻辑智能的测验。对于体育教学来说，就是指不能仅仅通过运动成绩的测试来进行评价。

三、构建多元智能评价模式的依据

（一）多元智能评价的优势

多元智能评价的优势主要在于三个方面：首先，是评价主体的转变。

传统的评价只是教师的事，只有教师的评价才是学生成绩的唯一标准，而多元智能评价的主体除了教师以外，家长、同学以及学生本人都是评价的主体，这样既增强了评价的全面性，又促进了学生的自我评价能力，提高其自我认识；其次，是评价方式的优化。因为传统的评价目的是找出学生存在的不足然后促进其进步，而多元智能的评价是要找到每一个学生的智能强项，促进其强项的进步以带动其他方面智力的发展；再次，多元智能评价的优势表现在评价方式的多元化。传统的评价方式大部分是以卷面考试或者固定场合下的考试，而多元智能的评价是让学生置身于情境之下或者生活之中，让学生充分展现自己的各方面智能，采取档案袋、学习日志、成果展示等方法进行评价，全面评价学生，促进多元智能的发展。多元智能评价的优势正是我国普通高校体育教学评价模式所欠缺的，能够很好弥补其不足之处。

（二）《全国普通高等学校体育课程教学指导纲要》的要求

在2000年国家教育部颁发的《全国普通高等学校体育课程教学指导纲要》以及在后来修订颁布的《全国普通高等学校体育与健康课程教学指导纲要》（征求稿）中，处处体现“尊重学生个体差异，促进学生全面发展”的思想。在课程性质规定上，认为“体育（与健康）课程是把身体发展、思想品德教育、生活与劳动技能教育、心智开发等寓于身体活动并有机结合的教育课程”，并指出“考虑到学生身体发展水平的差异性，课程目标分为基本目标和发展目标”，且“基本目标是根据大多数学生的基本要求而确定的，发展目标是针对少数学有所长和有余力的学生确定的”。两份《指导纲要》把高校体育与健康课程的具体目标分为五个层次，即运动参与目标、运动技能目标、身体健康目标、心理健康目标和社会适应目标，只是在基本目标和发展目标中对这五个层次的要求不同，这就充分体现了注重全体学生全面发展的思想。传统的和现行的体育教学评价，仅实现了运动技能目标，因此，对高校体育教学实施多元智能评价是符合两个《指导纲要》的要求的。

（三）素质教育的需求

《中共中央国务院关于深化教育改革全面推行素质教育的决定》明确指出，实施素质教育要“以培养学生的创新性精神和实践能力为重点”，体育课教学以其独特的上课形式在学生创新精神和实践能力培养方面有着得天独厚的优势，因此其评价也要注重学生各方面的发展。在我国颁布的

《基础教育改革纲要》中也明确指出，“要建立促进学生全面发展的评价体系，以有利于真正落实素质教育”。大学教育作为基础教育的延续，促进学生全面发展也就是其不可推卸的责任，体育教学评价的多元智能化将有助于此目标的实现。

(四) 国际和国内的成功经验

加德纳本人曾说过：“在美国，大多数教育思想只有几年的生命力，然而自从多元智能理论提出以后，美国和世界各地对它的兴趣非但没有减弱，反而在持续增长。”对多元智能试验的效果调查结果表明，家长和学生都对其持肯定态度。家长反映，孩子在知识的学习和情感熏陶上都有进步；学生说，他们对自己的学习感到自豪，充满自信。

有一位名叫波拉的学生，在被认为有学习障碍以后，再也没有对学习感兴趣过，直到有一天，她的一位新老师发现她有舞蹈特长时，就启发她运用自己的身体运动智能——用自己的舞蹈舞出字母，舞出单词，进而舞出句子。波拉找到了自信，找到了属于自己的学习方式，因此在不到四个月的时间内，她将自己已落下四、五年的课补了上来。由此可见，各种智能之间是可以相互促进的，发现并利用学生的优势智能类型，是教学评价的主要功能之所在，这就为多元智能评价在普通高校体育教学中的应用奠定了基础。

迄今为止，世界上已有 30 多个国家和地区的教育专家和越来越多的教师参与到该理论的研究和实践中。据不完全统计，在我国多元智能试验学校已有 70 多个。在新一轮的教学改革实行之后，我国普通高校体育课的上课形式发生了一些变化，上课实行“俱乐部”式，打破系别、班级界限，重新组合，不同类型的学生学习相同的内容，但在评价时却采用传统的评价方式，无视其智能类型、学习方式的差别，对学生来说有失公平。因此，有必要在“智能公平”原则的指导下实行多元智能评价。

四、高校体育教学多元智能评价模式的构建

(一) 以发展学生的多元智能为主要目的，促进学生全面而有特长的发展

多元智能理论认为，每个人都有其独特的智能强项和智能弱项，评价的根本目的和主要功能就是帮助学生发现和识别自己的优势智能类型，在优势智能领域学生将会快速而有效地掌握学习内容，增强其在强项中的成

功体验，引导他们将自己在智能强项活动时的品质和特点迁移到弱势智能项目上，以强项带动弱项，发展学生的多元智能，实现全面和有特长的发展。传统的体育评价，是为了发现学生的缺点和弱势而评价，而多元智能评价要求教师通过各种方式发现学生的长处，从学生的智能强项入手，引导其培养体育兴趣。如学生在语言智能方面有优势，教师就可以要求其通过查阅某体育活动的相关资料，写出书面报告或进行演讲。在此过程中，学生在充分发挥强项智能的同时较多地掌握了体育知识，体验到体育的丰富文化内涵，提高其对体育的热情。

（二）关注每一个学生成长，尊重学生智能差别的评价理念

加德纳认为，各类型智能发展的速度时间各不相同，学校只有学生智能类型的区别，而无差等生和优等生之分，所以对学生的评价，只有建立在长期的基础上，伴随着学生的成长，才能充分体现学生的个性差异、学习风格的差异。高校体育教学的运动参与目标是“形成终身体育的意识”“养成自觉锻炼的习惯”，这些目标的实现，并非一朝一夕的运动就可以达到的。多元智能评价强调采用档案袋的形式对学生进行评价，即把对学生的评价结果放在档案袋中，在一段时期内观察学生的智能发展状况，进而分析出学生的智能类型，帮助学生建立学习目标，使学生能按照自己的个性方式发展。对于高校体育教学评价来说，如发现某个学生对体育的态度及练习的努力程度有进步，则及时提出表扬，鼓励其继续努力，但同时也要弄清楚此学生的个性特点，采用恰当的鼓励方式。

（三）评价内容多元化、情景化，评价主体多元化

多元智能理论认为人的智能是由八种相互独立的智能所构成的。加德纳在《MI开启多元智能新世纪》一书中指出：“除非我们把评价置于现实生活和社会环境联系中，否则，我们怀疑它们能否恰当地代表人类的智能表现。”传统考核得到的学生的评价结果不能表现出学生的全部智能，只有当智能在“自然的环境”中展示时的评价才是合理而全面的。目前我国普通高校的体育教学评价，只是在运动场上或是在教室内，忽略知识技能在实际生活中的运用。传统评价认为评价只是教师的事，社会和家庭只是需要了解评价的结果，而不必参与评价，这显然不能正确评估学生在广泛社会背景下所获得的成就。因此，评价的主体除了教师以外，还要有学生本人、其他学生、家长以及学生所在社区的代表人等。

（四）多维度的评价方法

加德纳认为“评价方案如没有考虑个体之间的巨大差异、发展的不同阶段和专业知识的多样化，就会落后于时代的需要。”多元智能理论认为，评价一个人智力发展应该是在一定的环境中，以一定的文化教育为支持，以其先天生物能力整合为结果，任何一个人的智力离开这些元素的发展只能是一厢情愿的理想而已。换句话说，促进智力发展的是多维因素的共同作用，因此评价学生时，也要采取多维度的方式，即把被评价者放在特定的文化背景中，对学生的各种智能进行考察，让学生在解决问题的过程中发展各种智能，使学生在全面发展的基础上，发展自己的优势智能。

笔者以为，普通高校体育课可以通过八种智能在体育领域内的表现进行评价，举例如下。

语言智能：通过查阅资料写出对某项体育活动的认识；听懂赛场上解说员的解说；用演讲介绍某项运动；说服他人参与运动。

数理逻辑智能：用简单的数学知识或物理知识解释技术动作；对运动战术有较好的理解；对一些体育社会问题有自己的见解。

空间智能：有较好的空间感和时间感；有效地回忆和再现运动技能；能欣赏体育比赛。

音乐智能：对声音有较快的反应；听明白教师的口令；听懂音乐，可以随音乐的节拍做一些身体动作。

身体运动智能：掌握所学技术动作的要领；在生活、游戏或练习比赛中有较好的局部和身体灵活性、协调性；有效运用身体语言；理解健康的含义和标准，并依此标准生活。

人际交往智能：在生活、游戏或练习比赛中，有效和他人沟通；较强的团队精神；根据不同的环境或团体及别人的意见，及时调整自己的行为。

自我反省智能：在参加比赛时形成正确的自我定位；根据自己的身体情况和练习情况制定锻炼目标，并鼓励自己去实现；控制并调整自己的情绪。

自然观察者智能：对运动器械有较强的感受力，并能正确使用；对自然界事物感兴趣，较好地感受周围环境的变化。

需要指出的是，不是每节体育课的教学都要这样发展学生的智能，因此也并非都按这八个方面进行，这里仅为了说明多元智能评价的运用。在实际操作中，只要学生能提供一种或者几种自己擅长的方面，就鼓励学生按照他们独特的方式去学习要教给他们的内容，以避免一些学生因在身体运动智能方面有缺陷，即使掌握了学习要领也无法呈现出来的情况。多元智能评价使每一个学生都能以适合自己的方式接受评价，人人都能体会到成功的喜悦，以其优势智能带动其他智能的发展，从而达到大学生体育与健康课程的目标，实现学生有特长的全面发展。

新形势对教学改革提出了更高的要求，传统的教学模式已不能适应社会发展的需要。多元智能评价模式有着与素质教育相一致的理念，强调用优势智能类型带动其他智能发展，采用“智能公平”原则实施评价。针对传统评价中存在的评价目的功利性、评价方法片面性等问题，多元智能评价模式提出了相应的解决方法，在理论依据和实践依据的基础上构建出的多元智力评价的新模式，指出合理而有效的评价应是：①评价目的是发展学生的多元智能；②关注每一个学生发展的评价理念；③评价内容应多元化、情景化；④采用多维度评价方法。

第四节　新课程理念下高校体育俱乐部教学评价的改革

在高校体育俱乐部教学中，体育教学评价方式较为重要。因此，对高校体育俱乐部教学评价方式的问题进行研究，既符合我国教学部门倡导的新型教学方式，又能够帮助学生通过参与体育运动而获得益处。然而，从现实情况来看，无论是俱乐部还是俱乐部教师，普遍没有对学生的教学评价方式进行重视，这也就使得很多学生无法参与到体育活动当中，长此以往，不利于高校体育俱乐部的持续发展。

一、高校体育俱乐部教学的内涵

体育俱乐部的教学是当前高校体育教学的一种新模式，这种教学模式更加适应教学工作的需要，已经逐渐得到了大部分高校的认可，在高校体育教学中的应用越来越广泛。在实际的教学过程中，高校体育俱乐部教学模式具有更强的选择性，因此，这种教学模式受到了广大高校学生的喜爱，并得以在高校体育教育中实行。在这种教学模式下，学生经过教师的长期指导和自身的刻苦训练，可以熟练掌握一至多项能够长期坚持的体育项目，从而培养学生的终身体育精神，帮助学生树立体育锻炼意识，促进学生的全面发展，为学生的未来发展奠定一个良好的基础。

二、高校体育俱乐部教学改革的必要性

（一）改革高校体育教育弊端的需要

在高校长期的体育教学过程中，传统体育教学模式一直主导着高校的体育课堂教学工作，但是这种教学模式存在其固有的教学弊端。在这种教学模式下，高校体育教学工作大都以教师作为整个课堂教学活动的主导，对学生进行体育知识的灌输和体育技能技巧的传授，学生只能够被动地接受教师的各种课堂教学活动。这种教学模式严重忽视了学生的课堂主体性，导致学生在整个课堂教学活动中处于比较被动的地位，课堂教学氛围比较沉闷，不仅不利于对学生进行体育创新能力的培养。而且采用体育俱乐部教学模式进行高校体育教学工作时，更符合学生的生理和心理发展，符合学生的体育学习需求，学生具有较强的自主选择性。在这种教学模式下，可以有效地改进传统教学模式中存在的体育教育弊端，有利于提高高校的体育教学质量和效果。

（二）激发学生体育学习兴趣的需要

当前我国高校的体育教学工作中，学生对体育学习兴趣不高的现象普遍存在，严重制约了高校体育教学工作的开展，导致高校体育教学质量和效果低下。学生在高中学习阶段，由于其升学压力较大，所以大部分高中学校都受到应试教育观念的影响，不重视体育教学工作的展开，没有培养起学生的体育爱好和基础能力。这就导致学生在进入高校学习阶段后，体育学习的积极性和学习热情较低，不能积极参与到体育教学之中，学习效果有限。同时还有些高校的体育课程设置不合理，体育课程的锻炼任务设置过多，没有考虑到学生的实际情况，学生的体育锻炼任务较重，导致其体育锻炼积极性逐渐下降。在体育俱乐部教学模式下，学生还具有更高的自主选择权，可以选择自己感兴趣的体育课程，使体育教学更符合学生的学习兴趣。

（三）推动高校体育教学改革的需要

实行体育俱乐部教学模式还是推进当前我国体育教学改革工作的需求。随着高校体育教学改革工作的不断推进，体育教学的改革也势在必行。在体育教改背景下，高校体育教学更加注重对学生终身体育意识的培养，提倡尊重每一位学生的个性、爱好以及体育发展需求。使每一位学生

都能够参与到体育锻炼之中，既要帮助学生愉悦身心，又要达到锻炼学生身体的效果，增进学生对体育运动的热爱，促进学生的全面发展。实行体育俱乐部教学改革，有利于在教学过程中培养学生的终身体育意识。同时，体育俱乐部教学改革，还能够达到优化高校体育教学模式和方法的目的，有利于推进高校的体育教学创新，增进体育教学过程中对学生创新意识和能力的培养，从而推进体育教学改革在高校的实行。

三、改革高校体育俱乐部教学评价方式的意义

通过体育教学评价方式的完善，可以达到提升学生身体素质的目的。从目前的情况来看，很多教师、家长都过于重视学生的成绩，给学生造成了“只有分数最重要”的错觉，这使得他们不愿意投入到体育活动中，不愿意参与体育活动，进而导致其身体素质较差，这无疑会影响他们未来的发展。高校体育俱乐部教学评价方式的完善能够加强老师与学生之间的交流和互动，同时通过教师与学生的互动培养学生的校园适应能力。其主要的特点是，通过老师和学生在体育运动中的配合，使他们的关系更亲近，营造良好的课堂气氛。

四、高校体育俱乐部教学评价方式的改革措施

（一）合理运用评价方法

在高校体育俱乐部教学评价方式中，想要促进学生的发展，教师就必须要对教学评价方式进行完善。具体而言，对于不同性格的学生来说，其运动偏好明显不同。在现实情况下，一些同学比较倾向于强度较大、具备刺激性的运动项目，如篮球、足球等，而一些同学则比较倾向于技术性的运动项目，如乒乓球、羽毛球等。在高校体育俱乐部教学模式下，根据学生运动偏好的不同，教师对他们的评价应采用不同的标准。

建议教师能够对不同性格学生的教学评价进行分别处理。对于外向学生偏好的运动项目而言，教师可以通过其日常的学习表现对其进行考核。而偏内向学生进行的运动项目，教师需要运用综合评价的方法。可将内向学生划分为不同的小组，由其自主设计体育考核内容，然后再对其实施整体综合性考评。可以说，合理运用评价方法，是促进高校体育俱乐部教学评价方式逐步完善的重要一步。

除此之外，教师应该注重系统测试和日常观察有机结合。由于高校体育俱乐部教学评价具有一定的开放性，所以教师不仅需要借助体育系统测

试来评价学生的学习成效，还需要通过日常观察来综合评价学生的学习，进而推动学生综合素质的提高。

（二）在评价过程中保证“人性化”

大学生是学校俱乐部教学活动的主体，构建教学评价机制必须以大学生为出发点和归宿点，坚持“以人为本”，帮助学生从教学评价中不断完善自我。具体而言，高校体育俱乐部教学评价方式需要保证人性化，切忌不能按照统一标准要求男学生和女学生。男学生、女学生在体育训练的强度方面存在着较大的差别，所以在体育教学评价方式的制定方面，教师必须要以学生在身体素质上存在的差异为基础，开展不同的评价。

男生普遍是偏好运动的，针对男生这一特征，教师需要根据适合男生运动强度的体育活动开展评价，而大部分的女生都不喜欢高强度的体育活动，因此，对女生的体育教学评价应选择合理的运动，例如羽毛球、网球这两种运动十分适合在女生群体中开展，对其的评价可以根据这两种运动进行。

（三）对评价指标进行合理设计

对高校体育俱乐部教学评价方式进行完善，需要面向所有学生，而不是部分“精英”学生，所以，这一工作的难点主要在于平时表现一般的、教师不够重视的学生群体。这也要求学校必须立足于现实，针对不同的性格个体，有目的性的对其评价指标进行分别设计。具体而言，可以按照高校体育俱乐部教学目标，制定学生个人教学评价制度，其内容应该包括体育整体成绩、参与体育运动积极程度、体育项目达标程度、课堂纪律等几个方面。每一方面又分成若干细项，对应一定分值，由俱乐部专门人员进行专项检查记录和通报。

除此之外，教师还应该在评价中融入学生观察、实践能力的指标。对于高校体育俱乐部教学来说，在一定程度上，其能够影响学生未来的发展，由此可见，高校体育俱乐部教学是为学生的全方位能力打基础的重要阶段，如果不能够对教学评价指标的合理性给予重视，那么学生也就无法得到较好的发展。这也要求教师必须要在体育教学评价方式的完善过程中，合理融入观察、实践能力的指标。对于高校俱乐部教师而言，除了需要教会学生基础体育知识外，同时还必须加强对学生的体育运动能力、探究能力以及合作能力的培养。学生在学习的过程中，体育教师要给予学生更多的探究时间和空间，通过对学生进行引导，加强其身体素质，在现实情况开展体育活动，在进行授课的过程中，体育教师必须要合理地转变教学观念，在教学评价方面融入实践、观察指标，从而间接地提升学生的体育运动观察、实践能力。

（四）树立完善高校体育俱乐部教学评价方式的意识

对于高校体育俱乐部教学模式来说，想要完善高校体育俱乐部教学评价方式，就必须要在学校内树立完善高校体育俱乐部教学评价方式的意识，只有树立完善高校体育俱乐部教学评价方式的意识，才能够达到最终目的。具体的方法需要根据高校俱乐部教学的实际情况进行，例如，高校教师可以深入对学生进行调查，充分加强对学生的认识，在此基础上，教师就可以带领学生制订个人体育计划，并督促学生定期进行自我检查，这是一种无形但却并不严格的约束，其整体约束的过程完全掌握在学生自己手中，学生可以根据实际情况，对计划进度进行调整。这种需要学生进行自我评价和监督的计划可以在现实情况下较好地提高学生的主体意识，从而激发学生自觉参与体育运动的热情，间接完善评价方式。

除了参与课内体育运动之外，教师也应该让学生积极参与各类课余时间的体育活动，同时让学生对自己的表现进行记录，完成自我评价。当高校体育俱乐部教学具备了较为宽松的评价环境时，高校体育俱乐部教学评价方式也基本能够得到完善。

综上所述，对高校体育俱乐部教学评价方式进行研究，主要目的就是让学生通过体育锻炼，对自身的身体技能进行增强。体育教学评价方式的完善不仅仅不会影响学生学习，反而能够促进学生的身心健康发展。

第五节　生态教育理念下高校体育教学评价的改革

一、生态教育理念下高校体育教学评价现存问题分析

（一）高校体育教学评价的理念缺失

体育文化生态系统也存在于高校内部，主要表现为一种“教”与“学”的文化内涵，这决定了高校体育教学评价的目的与对象，即是为了检查教师的教学状况与学生的学习情况，帮助教师提高体育教学质量，促进学生更好地接受体育教育，保证高校体育文化生态系统的平衡与发展。但是，在实际工作中，却出现教学评价理念与高校体育文化生态系统的核

心价值取向相脱节的现象，概括而言便是生态观的扭曲。目前，高校体育教学评价的目的便是为了完成评价任务，把评价本身作为目标来看待，并没有从体育文化生态教育系统的维护与发展的角度去开展评价工作，而高校体育教学似乎也是为了应对考核而进行。学生是体育教学的主体，也是高校体育文化生态教育系统的核心要素之一，在一定程度上决定了生态教育系统的稳固程度。在体育教学评价理念设计上，并没有将学生视为评价的主体，这有悖于生态教育观的科学内涵，同时在人文理念与传统文化继承上也有所缺失，不利于调动生态系统内部各要素之间的相关促进。

（二）高校体育教学评价场域的结构性损坏

高校体育生态教育系统需要一定的组织机构为承接载体，作为体育生态教育系统的重要场域，也是高校体育教学评价的主要机构之一。我国高校体育教学评价的主要机构是高校层面的教学主管部门，而在多元化评价主体理念下，却呈现出单一主体掌握评价权限的状况，教学主管部门从宏观上具有把握体育教学工作的视野与平台，但对具体的教学问题难以亲身体会，造成体育教育系统结构中各要素的脱离，也就是说组织并非与项目在特定问题上完全对应，即是结构性损坏问题。高校体育教学评价的场域问题造成评价结构有失客观性与科学性，造成高校体育生态教育系统出现紊乱的系数显著增加。

（三）高校体育教学评价内容中的生态要素低

高校体育教学评价的内容选择是直接影响着评价效果，既要符合教学的一般规律，也要符合高校体育生态教育系统的基本要求，能够充分反映出具体要素。高校体育生态教育系统具有一定的特殊性，其生态要素主要包括体育范畴内的组织、人、体育项目、体育设施以及相关制度等，高校体育教学评价是对这些要素围绕教学活动而存在的状态或相互关联与促进的作用进行的审核。目前，我国高校体育教学评价的内容主要是学生的学习成绩，过于注重对技术与体能达标程度的要求。这类评价内容往往会导致整体评价目标与人才培养目标有所出入，忽视了教育的服务性与体育的娱乐性，也忽视了学生参与的积极性与态度。在高校体育生态教育系统中，人与体育项目的自然结合是最和谐的状态，保持参与体育活动锻炼的习惯，养成终身体育锻炼意识乃是最高目标。从生态系统的视角分析，这些内容在高校体育教学评价活动中存在明显缺失，生态要素的体现过于弱化，同时也不能够充分反映出学生参与体育教学活动的积极性与主动性。

（四）高校体育教学评价的方式单一

高校体育生态教育系统由多个要素构成，同时也具备多个生态特征，主要是整体性、层次性与关联性。高校体育教学评价在体现体育生态教育系统的特征方面表现得较弱，尤其在评价方式的选择方面，过于单一，弊端明显。受传统工具理性主义的影响，我国各个层面的评价工作特别注重结果，造成终结性评价成为评价活动的主导。落实在高校体育教学上，造成评价与课程不能同步，忽视体育教学过程，没有从整体上考量体育教学活动的效果，导致教学信息无法得到适时反馈，无法帮助教师改进教学工作，影响学生的学习效果。自上而下的评价方式是我国高校评价的一般特点，基本上都是上方组织机构对教学活动进行评价，很少有教学活动主体对自身的评价方式，忽视了不同主体之间评价的差异性，有悖于体育生态教育系统的层次性特征。另外，高校体育教学评价活动方式的单一性会造成增强内部各要素的分化程度，进一步强化部分评价主体，打消部分评价主体的积极性与主动性，不利于相互之间的协同互动，逐渐肢解了高校体育生态教育系统。

二、生态教育理念下高校体育教学评价改革研究

（一）生态教育理念下高校体育教学评价改革理论依据

1. 生态化教学理论

生态化理论是人们将生态学的基本观点与教学活动协调起来，形成一种与自然和谐的关系理论。在制定各项评价指标的过程中，要遵循人与自然和社会的发展规律，使各项指标变得“生态化”，因此，按照指定的指标进行教学，也就是“使教学变得生态”，即把生态学的理念渗透到教学活动中，用生态学的理念和方法去思考、认识和解决教学中遇到的教育问题。这样教师按照制定的指标进行教学会使教学活动变得具有生态性，使生态理念变成教学活动的普遍指导，从而实现人与自然、社会三者在教学中和谐共生。

2. 科学性理论

科学性理论就是指在构建评价指标体系时，贴近学生的实际和生活，符合学生的身心发展特点和接受能力，采用科学的方法收集评价信息的一

种理论。在制定评价指标时，一是把握评价信息的客观性，不能主观臆断；二是把握信息的全面整体性，不能只靠片面的信息得出结论；三是评价者不能根据自己对评价对象的了解和认识定位被评价者；四是要尊重被评价者的个体差异性，不能用一种标准、一种模式、一种方法进行一刀切。

3. 可比、可量化、可操作性理论

首先，设计的评价指标要能够反映被评价者的共同属性，同时相互之间还能进行比较。但是一些主观性比较大的指标则不宜选取。其次，制定的指标一般尽量采取定量的方法进行评价，对于一些难以测量的代表性指标，可以用定性的方法进行评价，并给出定量的分数。最后，选取的指标内容应可以通过测量和评价得到明确的结论，并在目前条件下可进行操作。

（二）生态教育理念下高校体育教学评价改革应遵循的原则

1. 整体性原则

整体性是生态化的重要特征之一，在教学活动中必须要遵循学校体育的整体性原则。教学生态系统的组成因素复杂多样，形成了像自然生态系统一样属于它自身的生态链，这个链一旦形成就成为一个不可分割的整体。教学这一整体由教师、学生、教学目的、教学内容、教学方法、教学环境和教学评价七大部分组成。这七个要素在教学中有不同的地位和作用。教师主导整个教学过程，协调教学中各个因素，使整个教学活动顺利进行。学习的主体是学生，教学质量和效果是从学生身上体现出来，故学生是教学活动的出发点和落脚点；教育目的引领整个教学过程；教学内容受教学目的的制约，也要与学生的身心发展相适应，与社会的要求相符合，教学内容是不可缺少的，没有无内容的教学。教学环境对于教学活动的展开也具有十分重要的作用，例如，有利的教学环境可以促进教学，反之则会阻碍教学目的的实现。教学评价起到反馈教学效果、调整下一步教学需要的作用，适当的评价有助于改进教学方法，促进学生的发展。

因此，高校要想使各个领域的工作顺利进行，就要保持整体的平衡，协调资源配置、整改政策措施、建立组织结构等，以实现工作的有效性。并通过建立相关的机构、制定一系列行之有效的制度、积极采取措施，最后通过检查评估等方法，使内部体育生态教育的各要素变得协调，进而顺利推进体育课堂的生态化教学。

2. 平衡协调进化原则

生态平衡是指在生态系统中存在的各个生态因子依靠物质流、信息流和能量流达到的一种和谐稳定的状态。教学系统是一个开放的系统，也是一个在动态平衡中寻求发展的过程。教师在教学过程中，不断地与学生进行知识、信息交流，师生之间会出现意见分歧，产生矛盾，因此，教师要善于从中发现矛盾，进而找到解决问题的方法，经过双方的努力改进达到教学目的，出现一个暂时的平衡状态。即教学过程是一个发现问题根源、解决问题主要矛盾、达到暂时平衡状态的过程，经过不断的磨合调整，再次发现问题，解决问题，达到新的平衡状态。

因此，在高校发展的过程中，要尊重社会发展和体育教学规律，关注高校体育生态教育系统的发展动态，及时发现系统中存在的问题，并用发展的眼光看待系统发展的态势，保证系统稳定、有效的运行，从而达到新的平衡。

（三）高校体育教学评价生态体系的构建

1. 更新高校体育教学评价理念

构建高校体育教学评价生态系统，首先要从理念及内涵研究入手，探寻体育教学评价的本质属性及规律。高校体育教学评价活动从目标到过程一定是生态的，即以提高体育教学工作质量、完善体育生态文化为核心，体现素质教育的全面性、个体性及基础性等特点，保证评价目标与教育教学目标的一致性。评价指标的确立并不是“照搬照抄”，也不是领导自上而下“拍脑门”的个体性与随意性行为，其必须基于体育教学的一般规律与素质教育的基本要求，并结合自身的特殊情况，经过专家的论证与试验方可确立、实施，这是评价理念的问题。总体来看便是要兼顾各生态要素，从根本上建立全新的体育教学评价指导思想，从多个视角，运用多个方法审视体育教学评价活动，努力构建评价体系，对体育教学评价实行再评价，不仅关注评价结果，更应关注评价本身。

2. 改善高校体育教学评价场域

开放性的体育教学评价主体由学校、就业市场、学生、政府、社会等利益相关者组成，在教育发展过程中根据需求确立其相应的评价主体。我国高校体育教学评价场域过于狭隘是困扰体育教学评价工作的重要问题，突出表现为组织的容量过小与权限过大。评价场域在很大程度上影响生态系统结构的问题，造成生态要素处于相互失衡的状态，要纠正这类问题，必须改善高校体育教学评价场域。体育教学的主体是教师与学生，但在教学评价的实际操作中学生却没有过多的话语权，扩大高校体育教学评价场域必须下放权力，给予教师与学生充分的评价权，不断扩大评价组织容量，使之囊括更多的生态要素，保持生态结构的稳固。高校体育教学评价场域也不只集中在高校内部，也应该着眼于社会体育领域，聘请社会相关体育专家参与高校体育教学评价工作，保证高校体育教学质量稳步提升，着力打造具有生态性的高校体育教学评价体系。

3. 完善高校体育教学评价内容

高校体育教学评价内容是评价活动实施的着力点，其为评价目标服务，对评价效果能够产生直接影响。从文化生态视角分析，体育教学评价内容的选择要充分考量体育教学的层次性与复杂性，基于不同的文化范畴，设定教学评价内容，同时要考虑体育教学的特殊性及文化生态系统的要素特征，再结合固有的、传统的评价内容制定教学。高校体育教学评价目标的多样性决定了体育教学评价内容的多元化，其不仅要从体育项目的学习与参与的效果上进行思忖，更重要的是对学生的情感、态度与价值观的变化情况进行评价，掌握在现有体育教学模式下学生参与体育活动的收获有多少，这种收获更多的是对以后人生发展的积极效用。促进体育文化生态系统的稳定与发展，就必须保证体育核心要素具有不断提升的状态，在高校体育教学的生态系统中，学生便是主体与核心要素，将学生纳入高校体育教学评价内容选择的出发点乃是关键。

4. 丰富高校体育教学评价方式

在传统体育教学评价方式的运用上，多注重终结性评价方式，过于看重评价结果，忽视评价过程，在一定程度上失去了对教学过程的反馈功能，忽视了对教师与学生中途的激励作用。为维护高校体育生态教育系统的稳定，提高高校体育教学质量，必须丰富教学评价方式，形成诊断性评价、形成性评价与终结性评价相依托、相结合的评价方式。诊断性评价主要应用于体育教学活动开展之前，对于课程形式、教学方法等准备工作进行评价；形成性评价主要在体育教学过程中进行诊断，对某一阶段的教学工作进行全面的综合评价，及时反馈教学信息；终结性评价主要诊断体育教学结果，包括期末测验与考试等环节。三种评价方式的相互配合与渗透是稳定各生态要素的重要举措，促使整个体育教学评价活动处于动态上升的状态。在明确体育教学评价多元化方式的基础上，应进一步结合定性与定量的评价方法，把握体育文化生态系统的特有属性，用定性的方法体现其目标性，用定量的方法体现其科学性，促使两种方法均衡应用，改变传统完全以定量评价为主的方式，将体育教学中人文要素体现得淋漓尽致，满足素质教育对人全面发展的基本要求。

第六章　多重理念下高校体育教学创新发展路径的研究

第一节　高校体育教学创新的影响因素与途径

一、高校体育教学创新的价值与意义分析

（一）高校体育教学创新的价值

1. 高校体育教学创新是社会发展的必然需求

社会在发展，时代在进步，全新的发展理念和先进科学技术的不断更新与应用为我国高校体育教学带来了机遇和挑战。当今社会需要的是高素质创新型人才，其对体育人才的衡量标准亦是如此，如果高校体育教学依然按照传统的教学方式来进行教学，那么，无论是对于学校可持续发展还是学生的未来发展而言都会产生负面作用。所以，高校体育教学必须要进行创新，必须要结合实际情况来重新审视教学问题，制定出新的培养方案。高校体育必须要紧跟时代发展的步伐，要精准掌握时代发展对体育人才的需要，全面改革和创新。

2. 高校体育教学创新是素质教育的必然要求

素质教育是近年来我国教育领域的重要推广理念，也是高校体育教学进行创新和改革的重要依据。素质教育注重学生综合素养的培养，要求培养和提高学生的创新意识和创新能力，因此，高校体育教学必须要进行创新，要按照素质教育的具体要求寻找到体育教学与素质教育的正确切入点，为国家、为社会培养更多高素质的创新型体育专业人才。

（二）构建高校体育教学创新体系的意义

随着社会在不断进步与发展，当代社会科学技术水平发展迅速，在信息化社会背景下，对现代人的综合素养和整体水平均有较高的要求，人们在社会生活中承担着巨大的生活与工作压力。大学生尚未步入社会，校园生活与社会生活相比压力较小，所以当代大学生对于社会激烈的竞争压力感受比较少。面对繁重的学业负担以及未来的工作压力，大学生很容易产生身体与心理方面的问题，大学生未来的成长与发展对身体素质与心理素质的要求也比较高。高校体育教学不但能够增强学生的体质健康，起到强身健体的效果，还能够较好的缓解生活与学习中的压力与负能量。所以，高校体育课堂应当充分发挥体育教学的功能和作用，让学生得到充分的锻炼。在锻炼身体、学习体育技能的同时，提高大学生的心理承受能力和身体抵抗力，进而成长为健康、积极乐观的当代人才。构建高校体育教学创新体系能够使高校体育教学满足新时代教育的需求，摒弃传统体育教学的弊端和不足，从而更好地发挥体育教学的作用与优势。传统高校体育教学模式遗留了较多的不足，导致教学质量难以得到有效提升，因此，高校需要采取有效措施来对体育教学进行创新与发展，为学生提供更加优质的教育。

二、影响高校体育教学创新的因素

（一）教师因素

高校体育教师是学生进行体育学习的重要引导者，体育教师对学生体育能力的培养和体育素质的养成有着重要作用。如果高校体育教师自身的体育专业素质不够强，那么对学生的帮助也有限。高校体育教师的专业素质主要体现在教学理念、教学的方法，这些将会影响到学生对于体育课程的积极性，影响到学生对体育运动的参与程度，如果教师的思想观念不够先进，依然采用传统的体育教学方法，着重对学生进行体育技能的传授，将不能很好地帮助学生达成素质教育，实现各方面的发展。

（二）体育教学设施

体育运动场地和体育器材是完成体育活动的基础。当前，在很多的高校中，体育运动场地落后、体育器材不足，这些对体育教学课程的实施有着很大的影响，同时对学生上体育课的兴趣也会产生不利的影响。特别是现在，许多高校对完善体育设施并未引起足够的重视，而随着进入学校的学生越来越多，体育器材被频繁的使用，进而老化、损坏，甚至连运动场地也出现了紧张的现象。因此，要使高校体育教学得到更好的创新与发展，首先要解决的是体育设施的问题，只有这样，才能满足高校体育教学的需要。

（三）体育教学评价的内容与标准

当前，在我国高校体育教学创新发展中，体育教学评价内容与标准太过单一是其存在的一个重要的问题。学校以传统的“跑得快”“跳得高”“跳得远”等内容作为体育评价的标准，却忽略了体育本身所具有的健康性和社会效能。由于每一个学生的身体素质是不同的，各人在体育学习中所付出的努力也是不一样的，如果只是单一地注重学生的身体素质和运动能力，那么就会忽视那些缺乏体育天赋的学生所付出的努力，这样的评价方式是极为不科学的，会挫伤学生参与体育运动的热情。因此，在进行体育教学评价时，应根据每个学生的具体情况来制定评价标准，将学生的学习过程也作为评价的重要依据，将测试中竞技成分的比例降低，只有这样才能使学生保持高涨的学习热情。

（四）教学模式

当前，大多数高校在体育教学改革中并未取得理想的成效，其主要问题在于现有的体育教学模式受到了传统模式与框架的限制。尽管各高校都在将体育教学内容与教学计划朝着健康、娱乐的教学目标改变，但是依然没有摆脱传统教学模式的限制。在具体的教学过程中，高校体育教师缺乏可参考的教学案例，以及具体的、切合实际的可行性教学指导，从而很难开展新的教学内容。而那些基础性的教学内容仍只能通过传统的教学方式开展。传统的体育教学模式极大地制约了高校体育教学的改革和创新，使学生感受不到体育课的乐趣。直至现在，在对体育教学课程的设置和教学管理上仍然沿用传统的教材内容，加之其他因素的限制，未能将现实中的体育活动融入课堂之中。此外，在传统教学思想和教学模式的限制下，很多高校体育教师的工作未能做出实质上的改革，从而导致课堂教学和学生思想都没有得到创新，严重地制约了高校体育的发展。

三、高校体育教学创新实施路径的分析

(一) 创新体育教学方式

在高校体育创新教育中，最重要的一项措施就是要创新教学方式。教学方式的创新会直接影响和改变体育课堂教学的质量和学生学习的效果。而且全新的教学方式必然能够吸引学生的注意力，唤起学生对体育学习的兴趣，维护学生学习体育的持久性和稳定性。

体育教师在实际教学过程中，必须要树立起创新意识，要将自己所想到和设计的创新模式积极大胆地使用在课堂教学当中，要敢于推陈出新，不要害怕失败，创新的过程总是坎坷的，既然要创新就要大胆地进行尝试。笔者建议体育教师在创新教学模式的过程中，可以邀请学生一起参与，走进学生群体，多去了解和倾听学生们的想法和建议，精准掌握到学生学习体育的实际需求，与学生站在一起来共同尝试各种新鲜的教学方式，这样一来，学生们也会更加积极主动地参与学习，当学生的主体地位得到尊重，学生和体育教师的关系也会更近一些，学习效率自然也会随之提高。

(二) 高校要培养创新性体育教师队伍，激发体育教师的创新潜力

其实，我国高校的体育教学在很长一段时间内都没有受到足够的重视，而且教学效果始终也不是很理想，当然这与高校体育教学发展历程比较短、起步也比较晚有着很大的关系。这些因素都会在一定程度上影响到高校体育教学的创新。但是，高校必须要认识到，要想实现高校体育教学的创新，最核心的人物还是体育教师，体育教师是在一线从事体育教学的人，他们最了解学生的需求，如果他们能够在主观意识上渴求创新，那么，高校体育创新工作必然会呈现出完全不一样的面貌。因此，高校在当前的体育创新工作当中最首要的任务就是要建立起一支强大的体育教师队伍，激发他们的创新潜力，将他们培养成为高校体育创新工作的中坚力量。高校在实际工作当中要尝试从多个维度去刺激和挖掘体育教师的创新潜能，诸如高校可以给予体育教师适当的物质奖励或者精神奖励，以此来鼓励体育教师们在实际教学工作中寻求创新。

（三）建立并健全创新能力评价体系内容

在高校体育创新教育工作当中，建立并健全创新能力评价体系是至关重要的组成部分。作为体育教师，必须意识到创新能力评价体系的目标，即对大学生体育创新能力进行评价的目的并不止于评价，而是要实现评价之后的目的，那就是要激发和培养大学生的创新意识和创新能力。

基于此，高校在制定创新能力评价体系时一定要紧密围绕提高体育人才创新能力以及提高高校体育教学质量这一主题，积极寻找创新能力和实际体育教学的结合点，全力确保这项评价机制的科学性、合理性、公正性。高校必须要根据科学合理的规范和标准来对大学生的体育创新意识和创新能力进行测评，切忌打击大学生参与创新的积极性和主动性。

（四）创建教与学的新型教学模式

高校体育教学在传统教学理念的影响下，基本上都是保持教师主导教学的状态，体育教师在课堂教学中占据着绝对领导地位，学生则处于非常被动的状态，一切按照体育教师的既定安排进行，完全没有参与教学或者发表意见的权利。这样的教学模式虽然能够有效保障教学的规范性和整体性，但是，其对于培养学生的创新意识和彰显学生个性是非常不利的。因此，当前高校体育创新教育可以尝试创建一种新型的教与学的模式，改变一下教师和学生在课堂教学中的角色和位置。给予学生更多学习的主动权和决定权，而教师则在教学中更多地扮演好引导者和辅助者的角色，尊重学生的学习习惯，多去发现学生的个人体育爱好，成为学习需求的发现者，同时尝试让学生自己去做学习的创造者，让学生感受到自己在学习中的主体地位，为学生营造更加轻松愉悦的学习氛围。在这样的学习环境中，更有助于培养学生的创新意识，提高学生的创新能力。

笔者建议高校体育教师在实际教学过程中可以尝试采用“发现教学”这种教学模式，在课堂教学时，不要直接将教学的内容或者目的透漏给学生，而是为学生提供相关线索，引导学生根据一条条线索去发现问题，然后再依靠自己的能力或者其他方式去自主解决问题，这样一来学生会更加愿意参与到学习和探究当中来，学生也会在解决问题的过程中感受到成就感和满足感。

（五）激发学生的学习兴趣，维护好学生的学习兴致

当代大学生对体育学习的兴趣都不是很高，比起参加体育锻炼，上体

育课，他们更喜欢拿着手机打打游戏，购购物，但是这对于他们的身体健康是非常不利的，他们需要多参加体育锻炼来强身健体，增强身体素质。因此，高校体育教师必须要通过各种各样的创新方式来激发学生对体育的兴趣，并愿意积极主动地参加到体育锻炼当中来。关于这一点，笔者建议高校体育教师应该根据学生的实际需求分层设定教学目标，要根据学生的身体素质合理安排体育运动，切忌“一刀切”的做法。举例说明：体育教师在课堂上安排跳绳环节，体育教师可以将本次跳绳环节的目标划分为三个等级，第一等级是一分钟 200 次，第二等级是一分钟 150 次，第三等级是一分钟 100 次，让学生们自主选择自己能够完成的等级，体育教师只需要根据学生选择的等级以及实际完成的表现做出评价即可。体育教师在教学过程中不要给学生设定强制性目标，而是要多考虑学生的意愿，多给学生提供选择空间，让他们能够根据自己的实际情况选择目标。这样一来，学生也不会产生太大的心理压力，与此同时也能够得到相应程度的体育锻炼，学生参加体育锻炼的积极性也必然会提高，也不会因为一次超强度的体育活动而对体育学习产生抵触情绪。

在高校体育教学中，创新是推动体育教学向前进发展的核心动力，这也是未来高校体育教学的主流趋势。只有不断创新的教学理念和教学方式才能够带给学生们不一样的学习体验，学生在其中寻找到乐趣，感受到新鲜，进而逐渐喜欢上体育。

综上所述，高校体育教学能够对学生的身心健康发展起到良好的促进效果。体育教师要对体育教学投入更多的重视，既要发挥体育运动对学生身体素质的锻炼功能，又要借助体育教学来引导学生排解负面的情绪，养成健康、积极、乐观的心态，提高学生的综合素质与水平。因此，学校和教师应当积极采取措施构建高校体育教学创新体系，促进体育教学的发展。

第二节　新课程理念下高校体育教学创新的发展

一、新课程标准的基本内涵

课程理念对课程的实施与建设起着决定性意义，也对课程教学起着指导作用，明确了课程的目标价值和方向。新课程标准与以往的课程理念有着非常大的区别，它突出“以人为本”的教育理念。新课程标准的四个基本理念是：①坚持“健康第一”的指导思想；②激发运动兴趣，注重学生运动爱好和专长的形成；③重视学生的主体地位；④改革课程内容和教学方法，关注个体差异与不同需求。

新课程标准的基本内容在“健康第一”思想的指导下，始终把握健康与身体活动这两条主线。新课程标准要求基础教育体育教学达成五大目标：①学生体能增强，学生对基本体育（与健康）知识和运动技能的掌握和应用；②培养学生的运动兴趣，使学生养成终身锻炼的习惯；③学生心理品质的培养，使学生的人际交往能力与合作精神方面得以发展与表现；④提高学生在健康方面的责任感，使学生形成健康的生活方式；⑤发扬体育精神，使学生形成积极进取、乐观开朗的生活态度。新课程标准将基础教育体育内容划分为运动参与、运动技能、心理健康、身体健康和社会适应等五个学习领域。新课程标准突出强调尊重教师和学生对教学内容的选择性，注重教学评价的多样性，使课程有利于学生的运动兴趣，使学生养成坚持体育锻炼的习惯，形成勇敢顽强和坚韧不拔的意志品质，促进学生在身体、心理和社会适应能力三方面健康和谐地发展，从而为提高国民的整体健康水平发挥重要作用。

二、新课程教学理念下高校体育课程改革过程中存在的问题

（一）决策层缺乏改革创新意识

在很长一段时间里，中国高校因缺少具备改革和创新意识的高级决策者，很难积极引导高校体育教师抛弃常规的大学体育课程教学模式，进而为改革和发展找到一条新的路径。在高校体育课程中，体育教师的教学普遍存在着坚持统一、大众化、标准化的现象。虽然有些学者提出将高校以体育技术为中心的旧教学模式转变为以增强体质、提高学生身体素质为核心的教学方式，但原有的以体育技术为中心的课程体系尚未被打破。

（二）新课程教学理念与现实的体育教学存在冲突

在对高校体育教学进行改革的过程中，“健康体育”和“终身教育”的教学理念与体育教师的课程理念不统一，导致体育课程在实践中偏离了指导思想。高校体育教师是在体育课程教学中的主要执行者，体育教师的课程理念将不可避免地对课程改革的方向和有效性造成影响。具体来说，体育教师现如今在课堂上表现出的课程理念都是具有历史渊源的，也有着积极意义。但是，旧的课程理念已经无法满足社会发展对人才的需求，因

此我们从其他角度指出了课程改革的具体要求。

（三）新课程教学理念缺乏现实性

新课程标准的使用主要对学生的整体健康发展给予高度的关注。在教学中，教师要把学生当成教学的主体，让学生在课程发展过程中能具有主导地位。在实际课程中，我们发现以学生为主体的变化是新课程实践的主要体现。但是，在现实发展过程中，新课程同样没有关注到现代体育教学形式的转变。并且，其课程是根据一定的原则来进行设置和进行的。在教学过程中，教师是关键的执行人。但是，在高校体育新课程体系中，教师是作为实施者存在的。

（四）高校体育教师对新课程教育的理解不全面

《全国普通高等学校体育课程教学指导纲要》以现代教育实践为基础，为高校体育课程制定了新的标准。但是，在具体的应用过程中，高校体育教师没有在践行新课程标准中贯彻创新的教育观念。这就导致教师对新课程标准的认识出现错误，从而出现实践教学与理论不一致的情况。在新课程体育标准体系中，教师是新课程标准的关键执行者。新课程的详细教学制度应更注意教师的反馈意见，使课程能够更顺利的实施，促进教师和新课程标准的融合，为教学目标的实现打下坚实的基础。

三、新课程理念下高校体育教学创新观念的转变

（一）教育观

1. 转变旧的教育思想，确立全新的教育理念

体育（与健康）课程标准体现了素质教育的宗旨，表现出与传统教育不同且崭新的教育思想。在课程目标、结构、内容、评价等方面充分体现了改革创新的精神，体现出“以培养创新精神与实践能力为核心”的教育理念。教育观念的转变是一个动态发展的长期过程，实施新课程，体育教师要树立正确的教师观、学生观、质量观和评价观。教师要成为学生学习的引导者、启发者、指导者和促进者，与学生共同成长。还要树立新的课程观，从课程的被动执行者转变为课程改革的主动参与者。构建出以符合学生的学习特点为特征、从学生的生活经验出发的课程体系，在课程内容和课程实施建议等方面都有了突破性的进展。建立起与新课程相适应的、

体现素质教育的教育思想，为更好地落实新一轮课程改革奠定基础。

2. 树立现代体育健康教育观，构建体育课程教学新体系

自1999年6月第三次全国教育工作会议以来，“健康第一”的体育教育思想不断深入人心，学校体育教育改革正朝着“健康第一”的方向迈进。新的健康标准突破了原来只注重学生生理健康的局限，给学校体育带来观念的转变，原先单纯的增强体质，提高运动技术水平，已经不能适应时代的要求，必须尽快建立全新的健康教育观，即以促进学生身体、心理和社会适应能力整体健康水平的提高为目标，以加强广大学生健康素质教育工作为重点，以深化改革为动力，以促进发展为目标，关注学生健康意识和锻炼习惯的养成。

3. 教学环境注重创设宽松、民主、创新的教学氛围

学生是学习的主体，只有学生的积极性、主动性被充分调动起来才能取得良好的教学效果。在实际教学中，教师应与学生建立良好的个人关系，和睦相处，共同完成教学任务；教师应采取多种有效措施，创设一种吸引学生的教学情境，使学生产生一种内在的学习需求，自觉地投入到学习活动中来；教师还应鼓励创造性精神，注重创设宽松、民主、富于创新的教学氛围，注重培养学生的独立性和自主性，引导学生质疑、调查、探究，在实践中学习；创设能引起学生主动参与的教育环境，激发学生的学习积极性，培养学生掌握和运用知识的能力，使每个学生都能得到充分的发展。

4. 深入进行教学研究，探索适应新体育课程的教学规律

教学不仅要向学生传授知识，提高其能力，而且还要培养学生健康的心理和良好的品德。教学活动就是通过师生间的交流，通过生理与心理、休闲与生活、安全与生存、生命与衰老等文化知识的传授，不断向学生表达一种关爱及珍惜生命的信息传送过程。

教学研究是提高教学质量的关键，也是体育教师持续发展的动力，要从教学理念、教学策略、教学模式、现代化教学手段的运用等方面着手，研究能改进体育与健康学科的基本规律，坚持理论联系实际，理论指导实践的原则，及时将科研成果运用于教学实践。同时要真正顾及每个学生的发展，把学生的今天和未来的发展结合起来，建立起一个始终能够保持教学方式与学习方式动态平衡的具有生命力的课堂教学创新机制。

（二）课程观

1. 由课程的被动执行者转变为课程改革的主动参与者

课程内容是通过体育教师的创造性劳动传授给学生的，教师对课程的理解直接影响课程实施的效果。只有教师成为课程的积极参与者，成为课程再创造的主人，体育课程的实施才会具有无限的生机和活力，体育教学才能成为真正意义上的素质教育。高校必须认识到，对于新课程的适应，体育教师不可能在改革前就准备好，只有在改革过程中认真学习，勇于实践，积极探索，才能不断提高课程改革的意识。

在传统课程的环境下，教师的作用受限于教学计划、教学大纲和教材的作用，教师只要按教学大纲和教材的要求，把现成的知识与技术准确地传授给学生就算完成了教学任务。新课程要求教师由课程计划的执行者转变为课程的建构者、开发者，进而提高教学效果。

2. 由教材的传授者转换为课程内容资源的开发者、利用者

新体育课程资源的开发与利用是保证新体育课程实施的基本条件，由于课程标准没有具体的教学内容进行规范，教科书只是教师与学生的参考书。所以，新体育课程资源还像传统体育课程那样是体育课程内容的主要或唯一资源，新体育课程内容资源更多地需要学校和体育教师进行开发。同时，由于新体育课程标准只对评价进行了原则性的规范，而具体的评价又由各地、各校根据自身的具体情况进行实施。体育教师通过改造传统运动项目、挖掘民族民间传统体育、引进新兴运动项目、充分利用自然资源来开发、扩充体育课程内容资源。使体育课程内容从竞技运动课程内容体系走向有利于学生身心健康的身体活动的内容体系，从课内、校内走向社会、大自然，从而弥补体育教学条件的不足，吸引学生参与体育活动，促进学生获得更多体育与健康的知识与技能。

3. 由课程知识的施予者转变为交往者、合作者、参与者

应试教育背景下的课程与教学，存在着严重的唯知主义倾向，使原来内容丰富、品位高雅的课程异化为以复制系统知识为目标的流水作业。而在新课程背景下，教师不再以课程知识的唯一拥有者和权威自居，其职能将变“知识施予”为“教育交往”，以矫正“教程”与“学程”相分离的倾向。教师应以平等的人格与学生进行人际交往。教学是一个特殊的认

识、感受和体验过程，这还要求教师在学生面前转换角色，变“包揽”为“主导”，变“管理”为“协调”。

长期以来认为“传道、授业、解惑”是教师唯一角色的观点已经不准确，教师在动态的教学活动中，应该既是知识、技能的传授者，又是学生学习的引导者和平等参与的合作者；当教学中面临新的学习任务时，教师既是“解惑者”，又是共同研究的参与者。

4. 实施课程教学由管理者、控制者转变为组织者、合作者

教师在教学过程中是管理者，与学生的关系是管理与被管理的关系。这种关系使学生失去了自由和空间，始终被禁锢在“被管理”的氛围之中，压制了学生的积极性，创造能力更无从谈起。体育新课程要求教学中采用个性化、多样化和探究式的学习方法，教师摒弃传统教学统一化、单一化和灌输式的方法，由教学活动的管理者转变为学生学习活动的组织者。

随着新课程目标的多元化，课程教学内容的多样化和学生学习方式的个性化，教师对教学过程的控制将面临新的问题，教师应如何应对这种更为复杂的局面？首先，教师应放弃“绝对正确、绝对权威”的心态，将自己“降格”到与学生平等的地位；其次，教师应由教学过程的控制者转变为学生学习的合作者。

（三）学生观

1. 转变传统的教学模式，实施以学生发展为本的教学策略

新课程强调，教学是教与学的交往、交流、沟通的互动过程。这就要求体育教师在教学中，改变以前的教学方式，处理好传授知识与培养能力的关系，注重学生独立性和自主性的培养，引导学生学会置疑、调查、探究，并学会在实践中学习、体验，为学生的终身体育奠定基础。

教学是一个特殊的认识、感受和体验过程，这就要求教师在学生面前转换角色，根据学生的需要更新教学方法和手段，为学生创设一个独立练习的时间和独立思维的空间，给学生一个充分展现自我的机会，展现学生的独立个性，展现学生的创造能力，展现学生实践中的创新成果，使学生在各种展现中去思考、去探索、去创新。变“被动接受”为“主动参与”，变“单向接受”为“多维接受”，变“只有学生接受”为“师生共同接受”，变“灌”“管”“压”为“启”“引”“导”。

2. 教师思想由“传道、授业者”转变为“指导、合作者”

“传道、授业、解惑”自古以来就是教师的天职。传统体育课程教学强调教师的主导作用，教师既是教学内容的制定者，又是教学过程的操纵者；教师总是习惯根据自己设计的程序进行教学；教师在教学过程中一切都是完全正确，这不仅得到大家的认同，而且成为人们的固有观点。然而，新课程倡导：教学过程是师生交往，共同发展的互动过程；课堂上的知识不只源于教师，而且还应包括“前人的经验”“教师个人的知识”“师生互动产生的新知识”等几个方面。因此，长期以来认为“传道、授业、解惑”是教师唯一角色的观点已不准确，教师在动态的教学活动中，应该既是知识、技能的传授者，又是学生学习的“引导者”和平等参与的“合作者”；教学中面临新的学习任务时，既是“解惑者”，又是共同研究的“参与者”。

3. 与学生相处由“师道尊严”转变为“伙伴”“朋友”关系

长期以来，教师在不知不觉中自然而然地享受着“师道尊严”，但忽略了自身同时应具有的“父母”“伙伴”或“朋友”的角色。事实上，教师往往被学生视为自己的伙伴、朋友，学生愿意把教师当作他们的朋友，希望得到老师在学习、生活、人生等多方面的启发和指导，同时希望教师成为分担他们的痛苦与忧愁、分享他们幸福与欢乐的朋友。教师应充分利用这种有利条件，尽快进入学生的“朋友”角色，与学生建立一种新兴的师生关系：平等的师生关系，即摒弃专制型的“师道尊严”的等级关系，建立起平等、民主、互相促进的师生关系，建立起一种教师角色与学生角色的互动关系。

4. 对待学生由为学生的学习负责转变成为学生的一生负责

在传统的体育教学中，体育教师的责任仅仅是为学生传授体育的基本知识、基本技术、基本技能，增强学生体质，常忽视学生的心理健康和社会适应这两个方面。体育教育活动如果只是为学生的学业和体质考虑，那就只能培养运动能力强，但在生活和交往等方面低能的人，这些学生将来走向社会就可能出现“四肢发达，头脑简单”的现象。如果学生没有受到心理方面的良好训练，学到一生做人、做事的基本准则，体育教师要负一定的责任。所以，作为一个体育教师，承担着比传授知识、技术、技能更重要的责任，就是要教学生学会做人，学会发展。体育教师除了教知识、技术、技能之外，应更多地教育学生提高道德修养水平，学会待人处事，学会与人合作共事。

（四）评价观

1. 转变单一的评价方式，提倡多维的评价体系

以往的体育教学评价过分注重定量评价和终结性评价，以学生最终能够达到的绝对成绩论高低。而新的课程标准不仅注意结果性评价，而且重视对学生学习过程的评价；不仅注意定量评价，而且重视定性评价；不仅注意绝对评价，而且重视相对评价；不仅重视教师评价，而且重视学生自评、学生互评。在体育课程教学评价中，要充分考虑学生体育基础、进步幅度、体育态度及体育行为。在实际评价中要从教育的目的出发，不应盯着简单的结果测试，应把视野拓宽，着眼于每个学生，着眼于整个运动过程，把学生的运动技术、运动过程、运动态度都纳入考核的内容，定量评价和定性评价相结合，教师评价和学生评价相结合。

2. 树立“以人为本”“健康第一”“终身体育”的评价观念

体育教学过程中，教师应主动建立起“以人为本”“健康第一”“终身体育”的评价新观念，改变过去那种偏重于技术练得怎样、运动成绩如何、名次第几等物化的思想，尽快建立起全新的健康教育观。树立起通过体育教学促进学生身、心、群（在群体中关心、利他、协作的精神）素质全面提高的人文思想：即在体育教学评价过程中，强调对学生的尊重、关心、理解和信任，发现学生的优点，发挥学生的潜能，充分满足不同学生的个性、兴趣和爱好。使每个学生都能感受到参与运动的快乐、愉悦、体验，从而接受熏陶、教育和锻炼，养成坚持锻炼的习惯，为终身体育打下基础。

3. 对一些体育“困难生”应给予特殊的人文关怀

试想一个经过努力仍未达到测试标准的学生，教师在评价过程中应如何对待：是表扬还是批评？是鼓励还是打击？显而易见，教师要为学生的心理健康着想，为他们以后进行锻炼的激情、兴趣着想，应该给予表扬和鼓励，使他们建立自信，坚持锻炼，终身受益。体育教学评价的“人文性”要求教师要特别重视对身体条件差、运动技术水平不高、缺乏信心的体育“困难生”给予特殊的关怀，以帮助他们克服失败和无助感，走出心

理误区，正确认识体育的目的和作用，树立尊严，享受健身的价值，使他们真正体会到体育学习的乐趣。

四、高校体育教学改革中落实新课程教学理念的建议

（一）提高管理层的思想认识

管理层要加强对改革思想和创新教育准则实施管理，其对管理工作和新课程革新的推进有着极大的影响。在整个学校的发展中，管理层是最为重要的组成部分。在对新课程进行革新的趋势下，教学的发展需要通过不断的创新来实现。管理者受到原有教学理念的影响，需要重新认识新课程中的教育观。由于这种教育观还未得到有效认可，从而使课程的发展受到严重的影响。因此，高校高层管理者应该对创新思想引起特别的关注，不断增强自身的创造能力。管理者应结合现代法律和现实发展状况，分析和总结高校的发展趋势，明确创新思维在实际发展中的关键地位。在现如今的社会发展中，新标准的理念才是适应教育发展趋势的。学校管理者应更加重视在课程中使用新理念，使原有单一、标准的传统文化能被创造性地使用，并减少对高校体育教师的制约，从而推动学校新理念和创新课程体系的有效发展。

（二）构建科学的体育教学体系

在使用新课程的过程中，我们应遵循实用性的指导原则，在国家普通高校体育课程教学中使用，并实现体育教育发展和教学理念相互结合的新课程标准。在构建课程标准的过程中，我们应注重高校课程标准的实际发展。因为每个高校在发展中对学校教育质量的重视程度都不相同，投资的力度和专业资源的实际开发也大不一样，所以在我们的高效体育教育中构建新课程教育体系十分重要。在体育与教育的实际发展中，我们应该加强高校与高校之间的相互沟通，从而实现更全面的高校体育观，促进体育教学的发展。

（三）教师转变原有的思想观念

在高校体育课程中遵循新课程教育体系，教师是其中最为关键的执行者。在高校新课程教育体系改革中，教育理念的转化是非常重要的因素。在面对新改革的教学体系时，教师应该积极对新观念和模式进行学习，不断提高自己的创新精神。并且，教师还应该不断加强自身对课程准则的认

识，不断提高自己的思维能力，才能有效适应高校中新课程的使用和发展。在日常的教学过程中，教师应该对体育项目进行相关的改革，加入现代化的教学因素，落实新课程教育体系的相关理念，激发学生对于体育课程的学习兴趣，从而树立良好的体育思想。

（四）结合“健康体育”和“终身教育”的教学理念

在高校体育教学的实施过程中，体育教师应该把“健康体育”和“终身教育”的教学理念相互结合，积极主动地对新课程进行探讨，不断完善教育方式和教学内容，以此来满足学生的不同需求。为了能够适应新时代的发展，教师自身也必须进行学习，使自己的水平和能力得到不断提升，专业知识和技能能得到有效的发展。同时，教师还应该增强自身的基础水平和理论水平，以此来保证知识和技术的合理性和先进性。通过对新课程理念和制度下高校体育课程教育目标的深入理解，教师在实施过程中对于不能把握的目标要进行及时的更正，使得高校体育和社会的实际发展相互融合，以此来适应社会发展的需求。体育课程的教学宗旨要体现出学生健康发展的方向，使得学生的体育管理、知识、技能等能够有效结合。并且，在高校体育新课程中，我们要落实“终身教育”的理念，使学生实现终身进行体育学习，达到强身健体的目的。因此，在高校体育教学中，教师要帮助学生树立正确的体育意识，掌握正确的体育锻炼方式，使学生积极参与到体育中来，形成良好的体育习惯。

第三节　健康第一理念下高校体育教学创新的发展

一、健康第一理念下高校体育教学创新的意义

所谓健康第一是指社会个体或群体在成长与发展的过程中，健康始终占据着决定性地位，是实现个体或群体发展的重要基础与保障。由于受应试教育思想的影响，限制了高校体育教学的创新，致使陈旧性、强制性的教学方法被长期采用，学生的学习效果不佳，身心健康无法得到切实有效的发展。基于此，在健康第一思想的引导与规范下，对高校体育教学进行有针对性的创新，具有极其重要的现实意义。首先，以健康第一思想为导向的高校体育教学的创新，能够实现体育教学本真的回归，对于提高学生的健康意识，促进其体育学习自主性的有机生成，具有重要的实用价值；其次，基于健康第一视域下高校体育教学的创新，实现了创新取向的专指

性，有助于提高教学方法创新的实效性；最后，健康第一思想是高校体育教学发展的核心导向，与终身体育思想相契合。因此，在健康第一思想引导下的高校体育教学创新，对于贯彻落实“健康中国2030”计划纲要的精神，切实提高高校体育教学的实用价值，具有重要的现实意义。

二、健康第一理念下高校体育教学改革的思考

（一）转变教学观念，树立以学生身心健康为主的教学指导思想

转变教学观念，树立以学生身心健康为主的教学指导思想，把“以人为本，健康第一”的思想贯穿于整个教学过程中。在教学中，教师在发挥好组织、启发、引导作用的基础上，给学生一些自主的时间和空间，给学生以发挥创造性的机会，关注学生获得个体健康发展的需要，让学生真正处于主体地位，充分发挥其主观能动性，以促进其身心全面、健康地发展，并从中培养学生的体育兴趣，使学生养成体育意识，为终身体育打下良好的基础。

最新实施的《学生体质健康标准》是基于推进素质教育，促进学生积极参与体育活动，全面增强学生体质的基础上而建立的一整套较为完善的评价体系。由于这个全新的评价体系的确立，以及为了达成“健康第一”的高校体育课程目标，必然使传统的高校体育课程指导思想发生彻底的转变。高校体育课程指导思想是学校体育工作的思想基础，指引着高校体育教学工作的组织和开展。多年以来，在以培养“三基”和增强体质为目标的体育课程以及在以“达标”为核心的传统体育课程评价体系的影响下，我国高校体育课程形成了以体育项目为核心，以课堂教学为主要内容，在教师的主导下学习体育基本知识、基本技术、基本技能，并通过课堂内外的身体活动来达到锻炼身体、增强体质的作用。正是在这种学校体育课程指导思想的影响下，学生在其学校体育生涯中，始终围绕着某些体育项目——而这些体育项目正是“达标”所必需的，学生需要不断地进行技术、技能的学习。固然，在漫长的学习生涯中，学生掌握了一定的体育知识和技术、技能，但为“达标”而学，始终无法使学生从自己的兴趣和爱好出发，从事一些自己所真正喜好的体育活动，也无法使他们真正养成主动从事体育锻炼的良好习惯。因此，在《学生体质健康标准》颁布实施之后，高校体育课程要推进改革，首先必须转变以往的教学指导思想，必须从以往那种“体质教学”“三基”教学的框框中走出来，树立以学生为主体，

以健康为核心，以“促进学生身心健康”为首要目标的高校体育课程指导思想，使高校体育课程真正能为促进学生的身心发展服务。

（二）改进和丰富体育课程的教学形式

树立“健康第一”的思想是学生未来能全面发展的基本要求。高校体育课程要想体现其社会价值、改善学生的健康状况，适应和满足未来社会发展对受教育者身心提出的要求，就有责任、有义务将工作的重心转移到促进学生的身心健康上来，提高学生的健康意识，使他们养成积极锻炼身体的习惯，形成健康的生活方式和良好的心理健康状态。终身体育的思想是体育开展素质教育的中心任务。高校体育课程要以终身体育为主线，在考虑到学生年龄、性别、生理、心理、智力、体力等诸多方面因素的基础上，科学合理地对学生进行教育，培养学生自发、自主地进行体育锻炼的能力，使学生能够体会到运动的乐趣，形成对体育的良好态度，让学生在体育学习中获得良好的情感体验，满足对体育的需求。

体育课要逐步走向选修，要通过俱乐部、健身中心、单项体育协会等多种形式来满足学生娱乐、健身、健美、休闲及竞技的需要，进一步提高学生的综合素质。教师在教学中要引导学生树立良好的体育动机，全面提高学生的生理机能、身体素质和对环境的适应能力，掌握科学锻炼身体的基本技能，养成终身体育锻炼的良好习惯，以促进其身心全面发展。

1. 采取多种教学方式激发学生的运动兴趣

兴趣是激发和保持学生行为的内部动力，也是影响学生学习自觉性和积极性的重要因素。所谓兴趣，是指一个人力求认识、探究某种事物的心理倾向。未来的体育课程和教学应该将激发和保持学生的运动兴趣放在中心位置，学生有了运动的兴趣才会经常参与体育锻炼，才能养成经常进行体育锻炼的习惯。因此，如何激发和保持学生的运动兴趣才是体育课程和教学中最重要的事情。同时，兴趣与能力也有着密切的关系。当一个人对某一事物产生浓厚的兴趣的时候，就会把心理活动趋向于这一事物，表现出积极主动的学习态度和克服困难的决心。强烈的兴趣和求知欲是能力、智力形成的动力。因此可以说培养兴趣是发展能力必不可少的一个重要环节。

2. 结合《学生体质健康标准》的实施发挥学生的主体作用

树立以人为本的体育教育思想是培养学生健全人格的立足点。综观国内外学校体育教育的发展，尽管体育教育的模式各不相同，但它们的共同特点是在教学形式上都采用让学生自主选择学习项目的方式，充分体现学生的主体作用，美国和日本是最具代表性的。这种把学生学习兴趣、爱好和发展运动能力放在首位的体育课程形式是以人为本的最直接表现，也是现代教育发展潮流的要求。

随着《学生体质健康标准》的实施，高校体育课程教学应充分体现基本运动技能的学习、学生身体的发展与文化、思想教育的密切结合，“以人为本”的教育理念将得到贯彻。高校体育课程教学应实施开放式教学，尽可能地发挥学生主体作用和教师的主导作用，使学生能够自主选择教师、上课时间和上课内容，拓展课堂的时间和空间，营造生动、活泼、主动的氛围，使课堂教学与课外活动互补。把课外体育辅导、有组织的校外活动、训练等纳入高校体育课程并形成有机的课程结构。

《学生体质健康标准》的实施，将有效改变大学生对健康概念的正确认识。由于高校大学生基本上具备了较强的自我评价能力，通过《学生体质健康标准》在身体形态、身体机能、身体素质等几方面的测试和评价，会让学生从真实的、客观的综合数据中看到自己身体的健康程度，促使学生重新审视自己与“健康”的差距，激发并唤醒学生的健康需要，使过去被动的体育锻炼和体育课学习，转变成一种健身的需要，由被动变为主动，从而彻底改变学生的体育学习态度。

（三）建设以“健康第一”为主要目标的高校体育课程内容体系

现行的大学体育课程，多以竞技运动项目作为教学内容，并运用一定的教学方法和手段加以实施。由于高校体育课程在相当长的时间内注重体能、崇尚运动、强调竞技，从而教学实践活动主要围绕提高身体素质与运动能力展开，导致在把握教学目标时，进入了以“运动技能的掌握”作为教学最终目标的误区。运动项目本身应当是具体的教学内容，是为达成教学目标而服务的中介方式和有效手段。同时，大学体育应该是学校体育与社会体育的接轨点。在这个阶段，不仅仅是向学生传授运动技术的知识和技能，更主要的是要向学生传授体育健身的知识，指导学生能科学地进行健身锻炼，培养其良好的健身态度、能力和习惯。使其在学生时代就具有丰富的健身知识，掌握现代科学健身理论和方法，形成身心全面发展的健身意识，并通过健身实践充分体验到健身的乐趣，为促进学生身心健康提供坚实的基础。因此，要改革体育课程建设，全面提高课程质量，以达到全面改善和提高学生身心健康的目的。

高校体育课程内容的设置，应当做到汲取世界优秀体育成果和弘扬民族体育文化相结合，有利于拓展体育课程在健身、娱乐、文化、社会等方面的功能。彻底改变以运动技术传授为中心的教材设置现状，以促进学生身心健康为目的，加快教材改革步伐。大胆减少甚至取消那些与中、小学体育重复的、专项技术要求高、健身实用价值低的纯竞技类项目；保留那些群体性、趣味性强的竞技体育项目；适时增设一批融健身、娱乐、休闲、社交功能为一体的时尚项目和民族性、地域性特点的非竞技性项目。做到传统教材与时尚运动、技能类项目和休闲类项目的完美结合，具有时代性、实用性、多样化、和生活化特点的课程内容，保证“健康第一”体育课程目标的顺利实现。

1. 加强理论教学，扩大高校体育课程健康内容的比例

在高校中实施和开展健康教育的主要任务是帮助大学生树立现代健康意识，并指导大学生掌握应有的健康知识，养成良好的生活方式，保持健康行为，了解现在和未来的健康要求。强化大学生的自我保健意识，提高自我保健能力，促进身心健康的发展，达到终身受益的目的。通过各环节的健康教育，可培养学生具有坚毅、沉着、百折不挠的性格，促进学生身心健康发展。适时适量的体育锻炼，能够有效地减少和防止身心疾病的发生，增强体质和提高健康水平。

现代社会体育与健康教育的联系越来越紧密，已经成为现代体育发展的方向，更是社会文明程度的标准之一，因此要重视体育与健康教育的结合。大学生的身体健康水平、心理素质和社会适应能力直接关系着未来高科技人才的整体素质和科技效益。但许多高校在大学生健康教育方面还是一个空白，因而要制定出科学的教材体系，明确的分工，以指导和帮助大学生养成和建立健康的生活方式。

增加理论课的教学时数，在理论教学中注重体育文化知识、营养及卫生保健知识的传授，使学生能够了解体育的本质和功能，掌握与锻炼有关的人体知识、锻炼原理和营养、卫生保健常识，能够预防和处理一般性运动损伤，以满足学生健康意识的内在需求，进一步加深学生对体育与健康的理解和认识，树立正确的体育观念。结合体育实践，形成体育、卫生保健教育相结合的高校体育课程体系。通过问卷调查发现，所有专家都认为高校体育课程内容的改革应注重加大健康课程及理论课时的比例。

2. 结合《学生体质健康标准》的实施改进现有的课程内容

根据《学生体质健康标准》的要求，高校体育工作以学生的健康为第一要务，因此，学校任何体育活动的组织都应该围绕学生的健康而进行，把学生的健康作为一切工作的核心。传统的高校体育课程内容主要是向学生传授体育知识和技术、技能，通过体育活动来增强学生的体质。但总的来说，现有的在"达标"基础上形成的体育课程内容已不适应于新形势发展的需要，必须尽快加以改革，必须从学生的身心健康出发，以学生自我的体育兴趣和爱好为根本准则，选择真正适合学生身心发展和兴趣爱好的课程内容。

《学生体质健康标准》的实施为高校体育课程内容改革指明了方向，其内容和《大学生体育合格标准》测试内容都发生了巨大变化，测试内容由过去大量技术性强、心理因素影响大、需要特殊场地（泳池、冰场）的项目改变为易操作、心理因素影响小的项目。

目前全国各所高校在课程内容设置方面，普遍存在严重的片面性和呆板性，主要表现在重专业、轻素质，重技能、轻知识，重原理、轻方法，各类课程内容比例也不协调，课程体系整体上缺乏优化。现在的体育教育开始重视素质教育与技能教育相结合，体育理论、体育知识和基本技能有机结合，体育知识与非体育的多学科知识有机结合，从而更加注重体育教学项目健身价值的实效性。高校体育所追求的，说到底是让学生能做到自学自练、自测自评、自娱自乐并持之以恒，从而促进其身心健康发展，而不在于要求一招一式的"训练有素"。

因此在教学中没有必要过分看重运动的外在表现形式，而是要发挥运动项目的健身功能。否则，不仅会挫伤一些学生的积极性，也会将体育教学引向应试误区。淡化竞技要求，注重健身功能，应当成为高校体育教学的主流。淡化竞技是为了调动学生的积极性，并非不讲技术标准。相反，学生感受到了体育的乐趣，有了提高的欲望，就可以在经常性的锻炼中不断提高运动技术水平。因而高校体育课程内容的设置应首先侧重于篮球、排球、足球、乒乓球、武术、太极拳、拳击等能够培养学生体育兴趣和爱好，能有效促进学生的身心健康的体育课程或传统项目。高校教学要注重文化性、娱乐性和实用性的特点，适当增加对抗、竞技性运动项目，来增强大学生的竞争意识，调节个性心理，形成良好的心理素质，迎接社会竞争的挑战。同时，各个学校应根据本校学生的特点、本校专业设置的特点、本地区的体育传统特点以及本校所具有的场馆设施和器材来设置体育课程内容。体育课程内容的设置应遵循大学生的身心发展规律，要便于学生课外自学和自练。

根据调查问卷统计，许多专家认为《学生体质健康标准》的实施在一定程度上能促进高校体育课程内容的改革，并认为目前高校体育课程内容的改革应注重于加大健康课程比重、增加理论课课时以及增加学生喜爱的运动项目。

（四）加强高校体育师资队伍建设，确保健康第一课程目标的顺利实现

实施高校体育课程改革，确立并实现高校体育课程“健康第一”目标，教师是关键。体育教师是学校体育工作的具体执行者和组织者，学校体育各项工作都离不开体育教师的积极参与，他们工作的好坏直接关系到学校体育教学任务能否顺利完成。加强对体育教师队伍的管理，建立一支精干、高水平的师资队伍，是一项十分紧迫的任务。

要确保高校“健康第一”体育课程目标顺利实现，体育教师要及时转变观念，更新体育知识特别是学生健身领域的相关知识，提高体质监测和科学健身的指导能力。传统高校体育教师在成为教师前主要接受的是体育技能的学习，在体育课程教学中也主要以传授运动技术为主，体质监测和科学健身知识相当缺乏，更缺少实际有效的指导能力。当务之急，作为体育主管部门要有组织、有计划地对现有教师进行健康知识的业务培训，并建立体质健康指导员资格证书制度。只有获得体质健康指导员资格证书的教师，才有资格成为学生体质健康和科学健身的合格指导者。通过实施《学生体质健康标准》培养一大批合格的体质健康教育者，并逐步完善学生体质健康测定系统，使高校体育教师能在更大的空间内发挥指导作用。对现有体育教师培养体制和教学内容进行必要的改革，增加体质健康方面的系统知识，加快学生健身研究领域的学科建设和人才培养，有效地提高体育教师的体质健康指导与咨询水平。通过实施《学生体质健康标准》促进广大高校体育教师对学生体质的研究，推动体质健康领域的科技进步，最终促进高校体育课程“健康第一”目标的顺利实现。

三、健康第一理念下高校体育教学创新途径

（一）打破“唯成绩论”教学观念的禁锢，构建开放式体育教学课堂

在传统的高校体育教学中，影响与制约学生健康素质有效发展的主

要因素在于“唯成绩论”狭隘观念的束缚。因此，为了确保健康第一理念下高校体育教学创新的实效性，要求必须彻底打破“唯成绩论”观念的禁锢，通过构建开放式课堂实现学生体育学习的属性由被动式转变成为主动式，这对于激发与维系学生体育学习的兴趣，具有极重要的实用价值。这就要求高校体育教师要转变教学观念，采用“人性化”的教学方法，实现对学生体育学习自主性的培养，促使学生在体育学习的动机上达成由“60分万岁”向着“终身体育”以及“健康第一”的更高层面的转变。

（二）遵循健康第一思想的引导，对学生的健康意识培养实施专指性的点拨

高校体育教学的本真含义在于：通过传授、培养学生的体育健身技能，确保其身心健康素质的协调发展。但是，由于受“达标率”的制约，学生在有限的课堂教学中只能够根据达标测试的要求进行千篇一律的模仿练习，其健康意识无法得到有效的培养。针对这一现象，遵循健康第一思想的引导，改变“达标测试”在教学评价中的主导地位，将学生实用性体育健身技能的学习效果以及在体育学习中所表现出的积极态度作为检验学生体育学习效果的重要依据，以此来消除“达标率”对学生体育学习的重压与误导，引导学生实现体育学习与健康素质培养的有机对接。这就要求体育教师在教学过程中，在注重强调学生健身技能学习的基础上，采用“点拨”的手段，对学生的健康意识进行有针对性的启迪与唤醒，以便于达成高校学生在体育健身技能与健康意识两个方面的同步发展。

（三）加强与学生的情感互动与交流，为学生的体育学习营造轻松、愉快的氛围

在传统的体育教学中，由于“填鸭式”或“灌输式”等强制性教学方法的运用，造成了教师与学生这两大教学行为主体之间的地位落差明显，情感交流困难的状况，致使学生的学习心理压力过大，或对体育学习心存恐惧，在体育教学中兴趣索然。这不仅有碍于高校体育教学活动的正常开展，而且，对于学生身心健康素质的培养与发展会产生更为严重的制约作用。因此，基于健康第一思想引领下的高校体育教学的创新，应以改善师生关系为必要前提。这就要求高校体育教师在教学中应积极主动地加强与学生的互动与交流，通过对自身角色与地位的转换，

采用鼓励、启示、肯定、引导等手段，缓解学生体育学习中的困惑与压力，在充分尊重学生体育学习行为的基础上，以平等的地位、服务者的角色来实现与学生的情感交流，从而达到舒缓学生体育学习的紧张情绪，提高其体育学习的自主性的目的。这对于贯彻健康第一的思想，促进学生健康意识的有机生成，引导学生积极主动地开展体育健康学习，具有极其重要的现实意义。

体育教学是高校重要的课程之一，肩负着培养学生体育技能，促进学生终身体育思想自主生成，全面提高学生自身健康素质的社会责任。当前，我国正致力于“健康中国 2030”计划纲要的贯彻与落实，其目的在于提高全民族的健康素质。因此，基于健康第一思想的引导，实现对高校体育教学的创新，具有重要的实用价值。

第四节　终身体育理念下高校体育教学创新的发展

一、终身体育理念概述

终身教育理念早在 20 世纪 60 年代就被法国作家保罗·朗格朗提出。终身体育作为终身教育中的一个分支，在后续的生活、教育过程中也逐渐获得大家的认可。终身体育理念强调对于体育的学习不应该只局限于学校十分有限的几十分钟的体育课堂上，因为体育在我们的生活、学习以及工作的方方面面都有迹可循。所以自出生开始，直至人生的尽头，都应将体育学习、体育教育贯彻始终。即使在日常的生活、工作当中，也应当自觉参加体育锻炼，将体育学习作为人生不可或缺的一部分。终身体育理念还强调要明确体育的目标，同时，根据人生阶段的不同以及所处环境的不同对其进行适当的调整，以增加人们进行体育锻炼的机会。终身体育理念主张人们通过主动进行体育锻炼，提升自身身体素质，有研究表明，适度的运动能改善自身情绪，提升自信心，同时通过身体管理也强化了其对自身的管理自觉性。由此可见，无论何时高校都应践行终身体育的思想，同时也帮助学生形成终身体育的思想，这对于学生未来的职业发展以及生活状态都有积极影响。

二、终身体育理念的重要性

终身体育的理念至关重要，因此教师要从自身做起，树立起终身体育的榜样，终身体育使得人的综合素质全面发展，终身体育也可以作为一种娱乐、一种休闲方式，满足人们的业余生活需要，强健的体魄是民族生存的灵魂，这对社会的发展也有着重要的意义。

（一）终身体育促进人的身心健康，提高生活质量

体育锻炼表面上看来锻炼的是身体，是人的呼吸系统、心血管系统、肌肉功能等，但是其实不然，在锻炼的同时也使得人的心灵得到了极大的满足，有利于身心的发展，思维的扩展以及智力的开发。

（二）终身体育能促进健康人格的养成和个性的全面发展

体育锻炼的形式丰富多彩，在不同形式的体育锻炼中人们的感觉是不一样的，使得人们的身体在各种情况下得到极大的适应，也会激发人们锻炼的欲望，有些惊险刺激的锻炼更是让人们懂得珍惜生命、珍爱生活。体育锻炼已经不仅仅是锻炼身体，更是促进健康人格和个性全面发展的有力工具。

（三）终身体育是促进社会经济发展的重要手段

2008 年是中国人民难忘的一年，北京奥运会的展开，让人们至今记忆犹新，体育已经成为一种事业，成为带动国民经济发展的重要工具，正是国家意识到体育中蕴藏的巨大的经济价值，才有了 2008 年的奥运会和残奥会，不仅促进国民经济的迅猛发展，而且对增强我国在国际上的地位是非常有利的。因此，我们倡导终身体育理念符合当代国家的国情也符合当代世界的发展现状。

三、高校体育与终身体育思想的融合

高校体育与终身体育思想的融合，即高校体育教学思想必须与终身体育的思想相结合，高校体育教学方法与模式都应为更好地实现终身体育的指导思想而服务。

（一）高校体育与终身体育思想的融合是学校体育思想发展的必然选择

20 世纪 80 年代的改革开放政策，引起了人们生活方式的深刻变化。这种变化对体育发展产生了巨大的推动作用，主要表现在人们对体育观念的重新认识上。因为随着体育进入人们现代生活的趋势日渐明朗，低级的“生存需要”已远不能满足人们的精神需求，这使得各种体育现象都无一

例外地由生物、心理、社会三方面因素而构成。高校体育教学目标开始朝着“多目标”“多功能”的方向转移，既要追求近期效益，更要着眼于长远目标。由于这种思想体系的确立，考虑改革和发展的双重需要，高校体育教学应侧重启发学生自觉主动地参与体育锻炼，应充分注意学生的个性发展，在全面锻炼身体、掌握技能与知识的基础上达到增强学生体质的目的，并使学生终身受益于体育。

（二）终身体育已成为大多数高校体育的指导思想

我国有很多高校体育界的学者也提出了“终身体育”作为高校体育指导思想。高校体育必须大胆转变观念，以终身体育为教改主线，从“人本主义”出发，使每个学生终身受益。高校体育是学生在校体育学习的最后一站，也是学校体育的最高层次，是学生走向社会的中转站，学与用的衔接点。高校体育是大学生由学校体育走向社会体育的桥梁，是对中小学体育学习的总结与提高，是通过对广大学生进行终身教育从而使他们真正具备终身体育意识与能力的关键时期。

大学生处于较为成熟的青年时期，是接受教育，自我完善的最佳时期，也是养成终身体育意识和能力以及养成终身体育锻炼习惯的最佳时期。高校体育与终身体育的融合，是着眼于广大大学生健康一生、享受快乐人生的切身利益；不断提高国民身体素质，特别是以从事脑力劳动的高级人才的身体素质，为最终出发点。

（三）高校体育与终身体育思想融合是社会发展的迫切需求

高校作为未来社会劳动者的主要培养机构，承担着培养社会主义建设者的主要任务。由于社会生产方式的变迁，社会主要劳动已经是以脑力劳动为主的劳动方式，不仅如此，现代社会的快节奏，使得人们所承受的精神和生理负担日益加重。未来社会，劳动者不仅应该具有丰富的知识，还应该具备良好的身体条件，以适应现代生活方式。

高校体育是人们学校体育的最后一站，此阶段既是对前期体育教育的深化，更是形成终身体育意识、形成体育锻炼技能以及养成体育锻炼习惯的关键时期。现代社会要求，高校不仅是向学生传授科学文化知识的地方，还应该是向学生进行终身体育教育，培养他们的终身体育意识、方法，让他们终身受益的地方。

四、终身体育理念下高校体育存在的不足

（一）部分学校存在重智轻体的现象

目前，我国的高等院校普遍存在着学校领导只重视专业课程建设、轻视体育基础教育的问题：其一，体育教育经费投入少，锻炼场所和活动器材少，校园体育文化氛围欠佳；其二，体育课程开设年限短，只在一、二年级开设体育课程，加之课外活动所学习的内容又非常有限，使学校体育教育出现断层；其三，体育教师数量少，人均课时量过多，繁重的教学任务压得教师只顾数量而不顾质量，没有更多的精力去研究教改和辅导课外活动。总之，高校体育教学仍存在“说起来重要，做起来次要，忙起来不要”的状态，终身体育教育更无从谈起。

（二）体育教学模式与终身体育目的相悖

我国高校体育教学模式的雏形形成于 20 世纪 60 年代，即通过规范的动作技术的传授，使学生掌握体育知识、技术和技能的教学模式。随着时代的发展，社会的进步，这种教学模式的弊端逐渐凸显，尤其是重竞技轻能力的指导思想，直接导致本来运动基础就较差的大学生体育意识淡薄，体育知识贫乏，缺少参加体育锻炼的兴趣和能力，使高校体育变成了追求短期效益的“应试体育”。而对思想活跃、见多识广、善于思考、求知欲强的现代大学生，这种统一、呆板的旧的教学模式，显然不能完成增强体质，培养能力的体育教学任务，反而会严重束缚学生的积极性和主观能动性，使他们对体育的兴趣降到“冰点”。对未来我国国民身体素质的提高产生了不可估量的负效应。

（三）体育课程设置不合理

受教育体制改革大环境的影响，学校体育教育改革虽然也在进行，但大多只是停留在表面，没有发生实质性的改变。一些高校体育课程设置不合理，基本上是在重复中小学教学项目，没有针对大学生的生理和心理特点开设新的课程。高校体育课程改革的速度和力度远不能适应终身体育教育的要求。

我国普通高校的体育课程结构单一化，仅以人体生理机能的变化规律为依据，忽略了体育作为一个教学过程，在教育学规律、心理学规律、认识规律、运动技能形成规律等方面对学生掌握知识技能所起到的作用，因

而理论方面不够充分。高校体育课程预先规定了体育课基本要素的组合和顺序，教师按照教材内容选择教学方法和手段，形式单一，没有给教师提供可采用的多种教学形式和方法的可能性，因而教师的主导作用得不到充分发挥。在教学过程中没有充分发挥教师的教学组织活动和学生形成知识技能的学习活动之间的有机联系，不能保证对课堂教学过程的优化。

目前大学三、四年级学生基本没有体育课，学生的体育运动处于放任自流的状态，课外活动缺乏组织性和计划性。这种情况下，大多学生根本无法自觉地参加适当的体育锻炼，这正恰恰与这个学习生活和身体成长特殊阶段需要他们进行一定量体育锻炼的实际情况相悖。课外体育活动、社会体育活动和课余运动训练与竞赛，被机械地理解为学校课外群体活动，这造成的直接后果就是学生身体素质和运动能力逐渐下降。从大的角度讲，这种课程设计的间断性、残缺性使大学体育无法与社会体育相衔接，影响了高校体育教育成果的保持，降低了高校体育教育的实际价值。

（四）体育教育思想观念相对滞后

高校体育在传统体育思想的影响下，重视近期效益，忽视长远效益，往往只片面强调体育传递知识的作用和学生接受体育的暂时性，忽视了对学生的智能培养和体育的连续性。从而造成一些学生对体育的认识不足，体育意识薄弱，体育能力差，缺乏主动参与意识和自我体育锻炼能力，从而导致学生结束高校学习之后，由于种种条件的影响和自我体育态度以及能力等限制，暴露出相当的惰性，放弃经常性的体育锻炼这一后果。这种现象值得引起广大高校体育工作者的深思和重视。

（五）学生健康意识薄弱

多数在校大学生健康意识不强，消极被动地对待体育课及体育锻炼。《中国体育报》曾对5000名大学生进行了问卷调查，结果显示：97%的人学生“喜欢体育”，但同时又有91.5%的学生表示“不喜欢体育课。”学生对体育课不感兴趣甚至畏惧，体育课由此也成为学生最不重视的课程。学生重视专业理论学习而轻视体育锻炼的现象，预示着他们一旦走上社会，体育活动便会减少。学生对健康的意识薄弱，已经成为影响大学生身体健康的重要因素。

（六）体育课程考核与评价方式不合理

目前不少地方的高校体育考核与评价方式主要以学生最终掌握体育技

术能力为主要评分方式，却忽略了学生自身在整个学习过程中的态度，以及已经取得的进步等。长此以往，这种评价方式必将影响学生学习与练习的积极性，这种忽视个体差异的评价方式与教学当中“以人为本”的指导思想背道而驰。不仅如此，现在不少学校仍没有关于体育与健康方面相关理论知识的考核与评价方式，这就不利于学生对体育相关知识的理解与掌握，更深远的影响是容易使他们在离开学校后的体育活动陷入盲目，甚至造成意外伤害。

（七）课外体育活动中的组织管理单调

高校课外群体活动的内涵和外延已经得到了极大的丰富和扩展，课外群体活动不仅是体育课的简单延伸和补充，在一定程度上它比体育课内容更丰富，显然目前比较单调的组织管理方式与之是不相适应的，而改革带来的课外体育活动的吸引力却越来越大，由此也给科学的组织和管理带来了新的挑战。

五、终身体育理念下高校体育教学创新的意义

（一）符合新时代体育教育教学的发展要求

高校学生作为我国建设和发展的主力军，不仅仅是国家繁荣昌盛的希望，也是民族兴旺的希望所在。高校学生只有保持最佳的健康状况，才能真正奉献出自己的力量。新时代我国体育教学的改革发展，越来越注重多样化体育教学及终身体育意识。但时代变化如此之快，终身体育理念下的高校体育教学必然要打破传统体育教学模式，更新体育教学观念，才能确保体育教学与时俱进。

（二）有助于推动高校体育教学事业的蓬勃发展

如今高校体育教学改革的核心理念是终身体育思想，注重大学生终身体育意识的培养，也将终身体育思想作为提高大学生终身体育行为的指导方向。对大学生来说，高校阶段是学习体育的最后阶段，一旦在这个阶段更好地贯彻终身体育观念，走入社会后也会依然保持着终身体育思想。高校在培养大学生终身体育思想时，必然会在创新教学中找寻最好的教学方式，也会在实践中选择最科学的体育教材，在教师的教学下必然会提高高校的体育教学水平。当然，高校体育教学事业也会蒸蒸日上。

六、终身体育理念下高校体育教学的创新策略

终身体育理念下高校体育教学的创新，必然要突破传统体育教学的局限性，创新教学内容及教学方式，才能在转变思想后实现体育教学的整体创新。确切来说，终身体育理念下高校体育教学的创新，要从以下几个方面做起。

（一）创新教学理念，为教学增添新的活力

终身体育理念下高校体育教学的创新，首先要更新教学观念，才能为接下来的体育教学明确教学方向和教学任务。尤其是社会的快速发展，已经摒弃了传统教学观念，于体育教学而言，也是如此。新时代下的体育教学对人才培养也提出了全方位的教学要求，就终身体育理念下的高校体育教学而言，就要在《全民健身计划纲要》的指导下，做好高校学生的终身体育教育，才能从根本上提高学生的运动技能，同时提高学生的身心素质。基于终身体育理念下的高校体育教学理念的创新，就要注重发展学生的体育兴趣，关注高校学生的身心发展，打破传统体育教学的局限性，充分发挥高校体育教学的保健功能、健身功能、娱乐功能及竞技功能等。当然，教学理念的创新，必然为新的体育教学增添了不少活力，这使教学更加具有丰富化和趣味性，也能满足高校学生各方面的体育要求，引导学生感悟终身体育的意义。

（二）关注学生兴趣，培养学生终身体育意识

学生作为高校体育教学的主体，高校体育教师在实际教学中要充分关注学生的体育兴趣，才能在课堂上充分发挥学生的体育学习主动性。学生只有真正感受到高校体育的魅力，才会主观地投入到体育学习中，并且在学习中喜欢体育、在乎体育，这对学生树立终身体育意识有着积极作用，也有利于帮助学生建立终身体育观念。在关注学生兴趣，培养学生终身体育意识的时候，要分析学生参与体育学习的动力，尤其是从学生的兴趣着手，将兴趣作为最主要的推动力。当然，高校体育教师在实际教学中，必然要摒弃传统单一的教学思想，为学生营造新的体育环境，进而感受体育学习的魅力。教学中，体育教师要让学生感受到体育带给自己的积极影响，并在体育知识的授课中引导学生认识体育运动的意义，帮助学生从心底爱上体育运动，并在对体育运动的热爱和肯定中开展体育运动。培养学生终身体育意识，要引导学生发现体育运动的美，从身体形态和身体机能

两个方面的变化发现，这有助于学生感受因体育运动带来的身体美感的变化，学生便会以更加积极的运动状态投入到体育运动中。为此，这就帮助学生从心底认可并接受体育运动，并在以后的成长中把体育运动看作是一种生活方式。

（三）创新教学方式，突出学生的主体地位

高校体育教学的主体是学生，在开展体育教学时必然要结合学生的学习兴趣，展开差异化和多样化的教学方式。比如体育教师让学生选择体育项目时，要尊重学生的选择，采用多种体育项目选修的办法进行体育教学。当然，只要学生热衷于自己选择的体育项目，并有着积极主动的投入和表现就可以做出成绩评价。体育实际教学中，教师要结合学生的身体素质和兴趣特点，始终坚持以人为本和因材施教的基本理念，促进学生的身心健康发展。体育教学方式的选择要避免单一的动作示范和说教，应以游戏或比赛的方式展开体育教学，为学生营造轻松愉快的氛围，体验体育运动的快乐。

（四）创新教学评价，采用多元化的评价方式

终身体育理念下高校体育教学的创新，要打破传统单一的教学评价模式，采用多元化的教学评价方式激励学生进行体育学习。高校体育教师可以对学生掌握的体育知识和体育技能重新审视，在考核学生体育成绩时可以从学生的出勤情况、体育技能掌握情况、体育常识掌握情况及体育素质情况进行综合考虑。当然，对学生体育成绩公布时，要尊重学生的内心世界，可以把考核的结果分为不同等级，体现学生的体育掌握等级，但并不公布学生的真正成绩，这就可以进一步激发学生的体育学习兴趣，增强学生的体育学习自信心。

综上所述，终身体育理念下高校体育教学的创新，需要高校、体育教师和学生的共同努力。高校要顺应时代发展的需求，及时调整高校体育教育战略方向，为体育教师的教学和学生的体育学习提供良好的体育环境。教师要以身作则，建立自身的终身体育思想，在教学内容、教学方式及教学评价上只有打破传统教学的局限性、实现教学全过程的创新、关注学生的根本需求才能提高教学效果。学生也要从自我做起，正视体育学习的价值意义，在体育教育教学中配合体育教师，充分感受体育运动的真正魅力，并把体育运动作为生活的方式。

第五节 生态教育理念下高校体育教学创新的发展

生态教育是一种知识教育、能力教育和价值观的教育，让学生掌握生态学理论知识，学会用生态学的原理和方法论去认识问题和解决问题，形成可持续发展的思想，把生态学思维方式内化到自己日常生活中，形成正确的生态价值观念。生态教育理念下的高校体育教学目的在于培养人，培养“理性生态人”，扩充学生的生态知识储备，教会学生与自然相处的能力。高校在人才培养中占有重要地位，高校作为生态教育的实施者和实践者，通过教育的方式提高大学生的生态意识和生态素养，对培养可持续发展的人才、发挥教育的社会功能、辐射和带动国民整体素质提高有重要意义。

只有建设切实有效的生态教育体系，才能保障高校生态教育取得成效，高校体育生态教育体系的建设应从明确课程定位和教学目的、完善基础设施建设、帮助学生培养运动习惯、增加户外拓展课程、构建高校生态体育文化等方面着手，以推动生态教育理念下高校体育教学的发展。

总之，应注重在管理中渗透生态教育理念、在专业课程中渗透生态教育知识、在第二课堂中组织生态教育实践，加强监督和评估，保障生态教育体系的有效性。

一、明确课程定位和教学目的

所谓明确定位，是指在教育过程中突出体育运动的健身性和趣味性，培养学生的运动兴趣和习惯，同时改革当下体育课程的考核方式，不以分数衡量学生的学习效果。首先，不管站在怎样的视角，生态体育教育的本质属性仍旧是体育教育，这个定位必须明确。体育教育的特点是健身性、趣味性和竞技性。高校体育教育的主体是公共体育教育，所针对的是非体育专业的大学生。对他们而言，体育锻炼重在强身健体，同时在这个过程中获得愉悦感，如此足矣。至于对运动记录或者个人身体极限的挑战等，有兴趣或者有能力的学生，可以尝试但不必强求。毕竟无论是学生本身的身体条件还是公共体育教育的师资以及基础设施的配备，相较于专业运动员都存在有一定差距的，稍有不慎都可能造成伤病。当然，并不是不鼓励学生培养攻坚的精神和突破自我的勇气，这里强调的是凡事因时、因地制宜地量力而行，而不能盲目地冒险。至于有这样能力和兴趣的学生，自然也应当被鼓励，同时校方应给予更加专业的指导和支持。

从思想教育的层面来看，运动的健身效果并不是一蹴而就的，需要长期的坚持和自我鼓励，这同样是对学生意志的磨炼。因此，构建高校生态体育教育模式的第一步就是要找准自己的定位，明确教学的目标。在考核方式上，应该把重点放在学生平日的练习情况以及整个学习过程中学生身体素质的变化上，这比冷冰冰的分数更能够反应教学的成果，同时也可以在真正意义上开发学生的运动爱好和特长，培养学生的运动习惯。教育者必须明白，分数高低只是暂时的表象，但坚持运动的习惯和“坚持”本身的意义会让学生受益终身，这才是教育最理想的结果。

二、追加资金投入，完善基础设施建设

在应试教育的影响下，在很长一段时间里，高校体育教育的地位始终不高，很多高校在体育教育方面投放的资源也很有限，高校体育教育的基础设施并不完善，虽然近年来高校教育者渐渐意识到这个问题，开始追加投资，但随着高校的连年扩招，在校大学生人数逐年上涨，高校人均场地面积不增反降，体育场馆内的运动设施也相对陈旧，更新慢，甚至存在一定的安全隐患。在基础条件无法得到保障的情况下，有些体育项目，学生只能在课上学习，课下很难能够有合适的场地进行练习。以保龄球为例，现在也有越来越多的高校开设了保龄球课程供学生选修，但相对于篮球之类更大众的运动项目，高校里的保龄球场资源却很紧张。除了提供教学以外，可以留给学生私下练习的时间并不多，学生想要在专业的球场进行相对正规的练习并不容易。虽然近几年，越来越多的商家在其中看到了商机，纷纷在大学周围开设体育馆，但费用相对学校的场馆，也要高出很多。当前，类似于像网球、保龄球等对场地有一定的要求的运动，像这种运动兴趣的培养和坚持需要一定的物质输出，但对于没有自主经济来源的大学生而言，这也许会是一种负担。倘若学生因此而放弃对运动兴趣和习惯的坚持，那么这同样是高校体育教育的一种失败，与学生的意志力强弱无关。因此，构建生态体育教育的第二步是要求高校教育者着眼于现实，追加对于学校体育教育的资源投入，扩大学校体育场馆的面积，完善体育运动所要求的基础设施的建设，加强场馆内的管理，对场馆内的一切设备进行及时的更新和维护。

对很多高校而言，做到这一步最大的难点可能在于当下很多高校本身的占地面积就比较小，随着扩招计划的推进，很多学校的宿舍资源都已经十分紧张，更别说体育场馆的扩建。但单就场地的问题来看，既然当下高校的体育场馆可以向社会开放，那么对于体育场馆资源紧张的学校而言，

他们同样可以整合社会上的资源，与校区周边的体育场馆协商，投资合作，从而为本校学生在这些地方进行运动锻炼的时候提供一定力度的优惠活动。如此运作，第一，可以缓解学校体育场馆资源紧张的问题；第二，可以一定程度的减轻学生的经济负担；第三，在有校方参与的情况下，学生的安全和权益也更能得到保障；第四，学生作为相对固定的顾客源，不仅能够为这些体育场馆的收入提供一定的保障，还可以提高场馆和运动设施的利用率，从而避免资源浪费，符合生态学思维以及高校生态体育教育的要求。

三、增加高校体育教育课时量，帮助学生培养运动习惯

当前大多数高校的体育课程安排为每周一次课，每次两节，共计 90 分钟，而由于缺乏良好的运动习惯，这个数字便是当下很多大学生一周来全部的运动量。科学研究表明，健康的生活方式要求年轻人每周需要有三到四次适度的运动锻炼行为，每次 30 分钟到一个小时不等。高校可以以此为基础，适量调整大学生体育教育的课时，由每周一次课增加为每周两次，有条件的情况下，也可以增加到三次，每次课程时长可稍做调整。通过这样的方法，帮助大学生培养每周至少三次运动的习惯，而有老师在场指导的情况下，也可以有效地避免学生懈怠、偷懒或者运动过量引发身体损伤等问题的发生。除此之外，高校也可以考虑在原先正常的体育课程之外，每周再增加一次健身课程，由专业老师指导，教授学生如何健康合理地进行运动健身等。虽然现在高校周边不乏健身房，但一方面学生缺乏主动健身的热情，加之健身房消费相对较高，所以很难在学生中普及；另一方面，学校的体育健身课程可以以徒手健身为主要教学内容，如此对场地的要求就相对简单，不会给学校增加太多额外的经济负担，也方便学生课下自己进行练习，而非器械类的运动也不会对生态环境造成压力，更符合生态体育教育的宗旨。所以，高校将运动健身作为教学内容而加入学生的日常课程里，可谓是一举多得。

需要说明的是，增加高校体育课程的课时量，在某种程度来说，其实就是通过学校的干涉强制大学生进行日常的体育锻炼，因此，这种方式在试行初期可能会引发部分学生的不满，但从长远的角度来看，它必然会让学生受益终身。因此，高校教育者在推进这样的教育模式时，必须要善于与学生沟通，了解他们的思想，以丰富有趣的课程内容吸引学生的关注，循序渐进，帮助学生培养起积极的体育运动习惯，开启健康的生活方式。

四、增加户外拓展课程，鼓励学生亲近自然

首先，既然是构建生态教育理念下的高校体育教学体系，那么回归自然是必要的过程。很多当代大学生对于自然并不是很了解，尤其是从小在城市里生活的孩子，很多对大自然的印象主要来自旅游景区或者城市里的动物园、植物园参观等，但无论是走马观花式的假期旅游还是参考施加了很多人工改造元素的动、植物园，都并不能真正的引起学生对于生命和自然的敬畏之心。生态体育教育强调对学生生命意识和生态意识的唤醒，目的在于激发学生对生命和自然的保护欲，从而引导学生塑造正确的生态观，珍惜生命也敬畏自然。然而，从心理层面上来说，人只会对自己在乎的东西有维护的欲望。而在当前的教育模式下学生基本上是被框定在校园里的。就连早年间校园里备受学生喜欢的春游、秋游之类可以让学生亲近自然的活动，也都因为对安全问题的考虑而逐渐被取消。试想，连接触自然的机会都不多，学生如何能够真正体会到大自然的美好，又如何能够与之产生共鸣？无论是口头上的讲述还是影像的观摩，都不如让学生亲身去体验。

其实，在梳理生态体育教育的理论渊源时就已经提到过，人们早期开设的体育课就是让学生在自然环境里进行体育锻炼。人的生命来自自然的孕育，人类的生存与生活也离不开自然的哺育。现代科技造就的体育场馆虽然可以为学生免去风吹日晒的烦恼，但是再先进的科技也取代不了良好的自然环境给人身心带来的震撼。因此，高校生态教育的构建理应将户外拓展课程纳入教学内容之中。中国地大物博，幅员辽阔，有着非常丰富的生态体育资源，可开发的生态体育项目也是多种多样，各个高校可根据其所在地域的生态资源特色进行课程设置。例如，山地资源丰富的地区可以考虑攀岩、登山以及定向越野等活动，而水体生态资源相对丰富的城市可以考虑游泳、划艇、龙舟等水上活动，海滨城市则有沙滩排球等。一方面，这些具有地域特色的户外生态体育活动不仅可以让学生充分接触自然，感受自然的气息，同时当学生置身于广袤的自然环境之中时，也会更加感受到人的渺小，以及生命的珍贵。这是生命与自然的共鸣。在学生的情感共鸣被唤起的时候，老师只需要稍做引导，就可以引发学生深刻的生态认知，从而唤起学生的生命意识和生态意识。所谓读万卷书不如行万里路，原因就在这里。另一方面，即使是大学生，学习环境也是以室内为主，适当的户外拓展训练会更能够吸引学生的兴趣和参与热情。户外拓展训练的强度其实相对室内可能还会更大一些，但学生的兴趣和参与热情可

以在一定程度上抵消训练造成的身体上的疲惫，既磨炼了学生的精神和意志，也增强了学生的体能。虽然不可否认，户外拓展训练相对校内体育课程的开设，确实在安全问题上会对高校管理者提出更大的挑战，经费也不可避免地增加。但大学生主体以成年人为主，相较于中小学生更容易沟通，并且安全意识也更强，在活动开始前进行必要的安全教育，同时在活动过程中不断强化，总体来说是可控的。至于经费方面，从经济学的角度来说，性价比比价格本身的高低更值得被看重。因此，只要是有价值的教育投资，也理应受到教育部门和高校管理者的支持。

五、构建高校生态体育文化

首先，文化是润物细无声的教育，其最令人称道的一点在于它可以在不知不觉的状态下改变一个人对事物的认知。谈及文化和思想上的教育引导问题，很多大学生第一时间想到的往往是思想政治教育，而教育模式的呆板使得他们对于思想政治教育存在一定的抵触心理。而事实上，文化的教化并不仅存在于思想政治教育中，体育同样可以通过其丰富多样的运动内容和训练方式等成为文化的传播媒介。同时，丰富的体育文化也是体育教育魅力所在，从而激发学生对体育以及体育背后文化的热情。换言之，无论是教育，还是文化，其主体都是人，因此生态体育文化的构建首先要调动学生的参与热情，并且要了解学生的心理诉求。

其次，文化需要通过多元的活动来展现。运动是一个丰富的概念，除了跑步、打篮球、瑜伽等，号召学生在校园进行植树、种草、参与体育场馆的清洁工作和基础设施维护等活动，同样可以作为一种生态体育文化建设的活动形式。学生不仅可以为高校建设绿色校园贡献力量，同时也可以深刻体会体育场馆维护工作的艰辛，从而在日后的体育锻炼中更加珍惜学校的体育设施。

最后，中国在北京奥运会上的精彩表现虽然震惊了世界，但并没有让中国成为体育强国，究其根本也在于我国现在的体育文化构建不到位。当代的中国学生从小受到太多关于西方自由主义思想的浸染，在文化认知上，很多年轻人偏向欧美文化。而西方国家的和平演变策略也正是通过这样的文化输出在中国年轻人的思想中引起波澜。大学生处在世界观、人生观和价值观定型的关键阶段，而很多学生进入大学校园时又多为第一次真正意义上离开父母进行相对独立的生活，此时他们在思想和情感上都十分缺乏安全感，迫切地需要一个精神寄托，包括在如何培养健康的生活方式上，都需要被耐心地引导。这个时段无论是对学生个人、高校教育、还是社会发展而言，都是一个良好的契机。高校如果不希望看到自己的学生整天与美剧、韩剧还有游戏为伍，以可乐、薯条等快餐为食，最后培养出一批批缺乏精气神儿的接班人，就必须积极建立属于自己的校园体育文化。因为面对文化上的侵蚀，最好的应对方法并不是说教式的回击，而应当从强大本土文化着手。只有当国人对自己的文化有足够信心的时候，外来文化才不会乘虚而入。因此，高校生态体育教育的构建要取得大学生的普遍认同，就必须要在文化建设方面有所行动。

在多重理念背景下，体育教育的目标与任务发生了较大的变化，体育教育中的核心素养教育、个性化追求日渐重于体育规范教学的达标，普通高校的体育教学方法与路径也随之打破了传统的单一化结构，实现了高校体育教学改革理论体系与实践体系的全面升级。

第一，多重理念背景下改革高校体育教学模式。基于多重理念下，高校体育教学模式实现了历史性转变，开拓了体育教师实现专业化、综合化发展的新时期。高校应对体育教师全身心投入体育课程教学改革的积极性与主动性给予认同与鼓励，当其遇到问题时，学校应及时给教师提供帮助，或出台相关措施加以解决。虽然，近些年的高校体育教学模式发生了一定改变，但在传统教学理念的影响下，体育教学模式依旧有待进一步创新、优化，以便够更好地满足现代化建设的需要。这就要求高校必须深入了解体育教学的本质，明确体育教学的任务，掌握体育教学的规律，确定身体素质与运动技能教学的核心地位，基于新型体育教学模式，带动体育教学创新发展，开创体育教学的新形势、新局面。同时，高校还要深化人才培训培养，构建全程一体化的教学模式，其中，不仅要突出体育专业学生的优势，还要弥补其不足，将技能训练始终贯穿于整个体育课程教学过程，从而促进学生全面、综合发展。

第二，多重理念背景下改革高校体育教学的方式方法，引进创新性的体育教学手段与技术，借助新技术的研发与应用，促进高校体育教学方式的创新，让高校体育课堂更加现代化、生动化和互动化，提高高校体育教学的实效性。一般来说，体育教学方式方法的变革与创新可以通过三个方面来推进。首先，高校体育教育方式方法的改革创新应当依托于体育教学理念的创新，积极引进国内外先进的体育教学理念，积极转变高校体育教学思路，让高校体育教 学改革的实施更加科学化和有效化。其次，高校体育教育方式方法的改革应当借助于新技术的研发与应用，积极引进时下先进的技术产品，改变体育教学课堂的呈现方式、交流方式和训练方式，提高学生在新型体育教学方式中的参与度，优化学生在新型体育教学方式中的学习效果。最后，高校体育教育方式方法的改革应当基于教学实践经验与成果的分享与反思，积极运用科学的、行之有效的体育教学模式，在经验的分享与成果的试验尝试中进一步提升体育教学的科学性。

第三，多重理念背景下改革高校体育教学评价，健全高校体育课程评价体系，以提高高校体育教学的专业性和实效性，促进体育学科核心素养的教育与培养。传统的高校体育教学工作评判是将体育教学评价作为评判学生的学习成绩的一种手段和途径，主要是针对学生的选拔、评判以及排序等工作而进行的，但是却使教学评判工作有失客观，评价结果的公平性受到影响，可信度大大降低。建立多样化评价内容，综合教学评价指标在体育课程教学中，应该对体育课程进行多方面评价，除去要求学生学习和掌握运动机能、提升自身的身体素质之外，还需要对学生的学习态度、协作精神，以及对体育运动的认知情况做出评判、分析和教导。在教学工作中，要体现出面向学生、以学生为教学主题的教学精神，赋予学生一定的自主权，从而提升学生学习体育运动的兴趣。

第四，创新高校体育教学，需要转变体育教学理念，结合学生学习和生活实际，理论和实践相结合，形成一套适合大学生的体育教学模式是新时代教育事业发展的必然要求，需要高校在大学生教育中用于创新、敢于创新，走出一个具有新时代特色的体育教学，为国家和社会培养德智体美全面发展的人才。

综上所述，多重理念背景下高校教学改革策略的设计与实施应当高度重视模式的改革、方法的改革、评价的改革以及创新发展路径的建设，逐步完成深化教学内容的改革，加快教学技术的引进，健全资源的共享与整合等改革任务与目标。只有这样，我国高校体育教育才能够在多重发展理念下，帮助学生树立新的体育理念，强健体魄，健全心智，进而获得身心的全面锻炼与发展。

参考文献

[1] 周遵琴．高校体育教学改革与发展［M］．成都：电子科技大学出版社，2015.

[2] 金钦昌．学校体育学［M］．北京：高等教育出版社，2005.

[3] 崔艳艳．我国普通高校体育教学环境研究［D］．石家庄：河北师范大学，2012.

[4] 卢俊，陈爱国．将拓展训练引入高校公共体育课的研究［J］．贵州体育科技，2006（3）：11－12.

[5] 李晓东．我国高校体育教学发展的影响因素与对策研究［J］．太原城市职业技术学院学报，2012（3）：45－46.

[6] 杜君．基于终身体育思想的高校体育教学改革［J］．少年体育训练，2011（6）：35－36.

[7] 葛冰．体育教学模式的整体优化研究［D］．东北师范大学，2007.

[8] 雷继红，贾进社．我国高校体育教学模式现状及其发展趋势[J]．西安体育学院学报，2006（3）：61－62.

[9] 郯策．新课程标准对高校体育教学改革影响研究［J］．赤峰学院学报（自然科学版），2012（7）：126－127.

[10] 教育部体育卫生与艺术教育司，中国学校体育研究会．新世纪学校体育改革探索［M］．北京：人民教育出版社，2005.

[11] 林斯文．浅谈大学体育教学模式改革［J］．才智，2013（2）：17－18.

[12] 袁燕．体育教师的现代教育理念与知识能力结构研究［J］．当代体育科技，2014，（25）：188－189.

[13] 赵宇航．学校体育软实力的探析［D］．长春：吉林体育学院，2013.

[14] 苏林威．浅论体育教育理念的转变［J］．世纪之星创新教育论坛论文集，2015，（01）：430.

[15] 林继宏．当前高校体育教学改革中几个热点问题的剖析［J］．福建体育科技，2013（1）：13－14.

[16] 雷陈．中日高校体育教学模式比较研究［J］．现代商贸工业，2009（24）：238—239.

[17] 戴剑，张振华．多元化教育理念对学校体育的影响与变迁[J]．安徽体育科技，2009，(03)：85-87.

[18] 李红英．浅析高职院校体育教学中的人文素质教育［J］．常州信息职业技术学院学报，2009（02）：12-13.

[19] 李雪．高校体育教学改革的必要性及改革路径的选择［J］．时代教育：教育教学刊，2012（3）：144-145.

[20] 刘志斌．教育资源的开发与高校体育教学改革［J］．体育与科学，2012（3）：82-83.

[21] 宋正华．“以人为本”现代体育教育观的构建研究［J］．体育世界，2013（9）：86-87.

[22] 卢丛丛．快乐体育教学模式的构建与实施策略［D］．烟台：鲁东大学，2015.

[23] 李华．体验式培训理念对普通高校体育教学模式的启发研究［J］．科技论坛，2015（16）：155-156.

[24] 张旭春．新课程中体育教育评价初探［J］．科技世界，2012（18）：170-171.

[25] 阎风雷．构建高校体育“以人为本”的现代体育教育观［J］．体育教学与研究，2014（89）：103-104.

[26] 张雅茹，徐春江．创新教育理念下体育教学方法实施［J］．教育教学论坛，2015（31）：174-75.

[27] 霍军．创新教育理念下体育教学方法理论与实践研究［D］．北京：北京体育大学，2012.

[28] 梁双双．体验式培训理念对普通高校体育教学模式改革的影响研究［D］．南京．南京师范大学，2014.

[29] 李岩．体验式培训在高职院校体育教学中的应用［J］．产业与科技论坛，2015（13）：180-181.

[30] 高亦扬，王宏革，杨学勤．新课程理念下体育教育专业学生教育能力的培养［J］．河北体育学院学报，2015，(3)：57-59.

[31] 杨艳．新课程视角下的高等学校体育教育［J］．当代体育科技，2015（17）：58-59.

[32] 匡晋梅．高校实施阳光体育运动的策略研究［D］．重庆：重庆大学，2010.

[33] 霍军，董翠香．新课程理念下体育教师教育观念转变之策略［J］．体育科技，2011（4）：159－162.
[34] 林丽平．生态体育视域下我国高校体育课程的发展对策研究［D］．长沙：湖南农业大学，2016.
[35] 夏宏武．体育课堂生态视角下的大学体育课堂研究［J］．吉林广播电视大学学报，2019（6）：137－138.
[36] 罗金星．生态体育资源开发视角下体育教学创新路径［J］．天津中德应用技术大学学报，2019（6）：103－107.
[37] 徐玲玉．地方高校生态教育体系建设研究［D］．南宁：广西师范大学，2019.
[38] 苏月．体育课堂生态化教学评价指标体系的构建［D］．聊城：聊城大学，2015.
[39] 谢小平，梁徐静．文化生态系统视角下高校体育教学评价的反思［J］．广州体育学院学报，2016（3）：117－120.
[40] 刘竹青．学校生态体育的开发与教学模式构建研究［D］．烟台：鲁东大学，2014.
[41] 申明．生态视野下高校体育教学模式的创新与优化［J］．青少年体育，2017（10）：45—46.
[42] 张新，夏思永．生态教育观视野下民族传统体育教学模式思考［J］．中国教育学刊，2013（11）：61－63.
[43] 尤杰．高校生态体育教育的问题及对策研究［D］．武汉：武汉工程大学，2017.
[44] 朱剑娴．生态视野下高校体育教学模式研究［D］．长沙：湖南农业大学，2015.
[45] 张春香．生态教育理念下人性化教育的重建［D］．长春：吉林大学，2019.
[46] 袁睿琴．教育生态视角下大学生改革创新时代精神培育研究［D］．兰州：兰州理工大学，2018.
[47] 于洪艳．如何在思想政治课教学中贯彻“生态教育”理念［D］．长春：东北师范大学，2004.
[48] 门佳漩．“生态教育”的路径探析［D］．长春：吉林大学，2018.
[49] 孙高峰．STS 教育理念下高校生态体育课程体系的构建［J］．汉江师范学院学报，2019（3）：96－100.
[50] 刘路娟．互联网＋背景下高中生物渗透生态教育的案例研究［D］．

曲阜：曲阜师范大学，2018.

[51] 刘晶．新课程体系下生态体育教学模式探讨［J］．内蒙古师范大学学报（教育科学版），2015（4）：167－169.

[52] 邓艳梅．“美丽中国”视野下大学生生态文明教育研究［D］．成都：西南石油大学，2014.